法務部門の
Practical knowledge of the legal department
実用知識

堀江泰夫
Yasuo Horie

商事法務

はじめに

　拙著『契約業務の実用知識』に続いて，企業法務について１冊書いてみないかとのお誘いを編集部からいただいた。筆者は，ただ単に数社（計5社・5業種）の法務部門に在籍してきただけであり，そのような能力はないといったんはお断りしたが，多業種の法務を経験したことはそれだけで価値がある等，編集部のおだてに乗せられ，結局本書を書くこととなった。

　筆者は，司法試験をめざして1979年（昭和54年）に大学法学部に入学したものの，当時の司法試験の状況（昭和50年代から平成初めまで，合格者は毎年約400人～500人にすぎない）を見て，早々と方向転換（司法試験受験を断念）してマスコミ関連企業に就職した。入社２～３年頃に，法律への思いが再度募り，30歳前から司法書士試験の勉強を始めた。その後1989年（平成元年）に司法書士試験に合格し，翌1990年（平成２年）に東証一部上場企業の流通企業であるＳ社の法務部に入社した。以後数社の法務部門での勤務を経て，現在も法務担当者として勤務している。

　筆者が企業法務を始めた平成初めと比べ，現在では各社で法務部門は一般的になってきたが，企業の中にはこれから専門部門としての法務部門の設置を検討している企業や，また新たに法務部門を設置したものの「法務部門を今後どのように拡充していけばよいか」と悩まれている企業もあると思う（法務部門はあるものの少人数の部員（いわゆる「一人法務」も多い）で，法務業務をどう回していけばよいか悩まれている企業もあるだろう）。本書は，このような企業の法務担当者を対象として，筆者の企業法務についての考えや経験をご紹介するものである。

　企業法務に関して，筆者より優れた経験・能力をお持ちの方が多数いらっしゃることはよく存じている。また「企業法務」について書かれた優れた書籍も多く存在する。しかしながら，編集部のすすめに応じてあ

えて本書を執筆したのは，他業種（5業種）にわたり20年以上の企業法務を経験する中で，常に悩みながら法務業務をこなしてきた筆者の経験が，読者にとって多少なりとも参考になるかもしれないと考えたからである。また，法務業務の経験の長い方にとっても，他業種における法務業務を知るきっかけとなるかもしれない。なお，筆者は主として国内法務部門を経験しており，国際法務の経験は非常に浅く拙いものである。したがって，本書の記述は概ね国内法務部門を前提としたものとなっているが，その点はご容赦いただきたい。

　本書が成るに当たっては，前著と同様に書籍出版部の浅沼亨氏に大変お世話になった。また最初に本書の企画を提案してくれた当時書籍出版部の斎藤真氏（現旬刊商事法務編集部）と，その後新たに書籍出版部に配属された水石曜一郎氏の両氏には多くの有益なアドバイスをいただいた。この場を借りてお礼を申し上げたい。本書の内容は雑多でかつ拙いものではあるが，法務部門の同輩・後輩にいささかなりとも役立つことがあれば幸いである。また法務部員以外にも，法学部生・ロースクール生等で企業法務に関心のある方，その他企業法務に関心のある若手弁護士，司法書士・行政書士の先生方等にお役に立つことがあれば，望外の喜びである。

　なお，本書の論述中，意見の部分はすべて筆者個人の見解であり，筆者の所属する団体・機関の見解を示すものではないことを，念のためおことわりしておく。

　　　（注）筆者は，流通業，サービス業（テレマーケティング），IT企業（インターネットプロバイダー），医療関連企業（調剤薬局）の各法務部門に勤務し，現在は化学メーカーの法務部門に属している。本文中筆者の経験を論じる場合は，過去に勤務した流通業は「S社」，サービス業は「B社」，IT企業は「D社」，医療関連企業は「N社」とそれぞれ表記し，現在在職している化学メーカーは，単に「当社」と表記する。

目　次

はじめに　(1)

総　論

第1章　法務部門とは……………………………………3
Ⅰ　法務部門の定義………………………………………5
Ⅱ　法務部門の発展過程…………………………………7
Ⅲ　法務部門の実態………………………………………9
▶1　法務部門の総人員／9
▶2　法務組織の位置づけ・規模／12
▶3　法務部員数／13

第2章　法務部門の役割…………………………………15
Ⅰ　法務部門を設置する理由……………………………17
▶1　法務部門を設置する意義／17
▶2　法務部門設置の目的／18
▶3　法務部門の存在しない企業の企業法務／19
Ⅱ　リーガルリスク対応…………………………………21
▶1　リーガルリスクとは／21
　(1)　特許権侵害／21
　(2)　カントリーリスク／22
　(3)　独禁法・下請法違反事件／25
　(4)　グループ会社を含めた内部統制関連問題（経営者・社員等の横領・背任，不正経理等の不正行為等）／25

(4)
　　　(5) 業務上過失／26
　　　(6) 安全保障輸出管理（外国為替及び外国貿易法関連）等海外取引関連／26
　　　(7) 製品リスク（製造物責任，瑕疵担保責任，特定有害物質規制（RoHS指令等）等）／26
　　　(8) 営業・技術情報等の情報管理（漏洩防止）／27
　　　(9) 労務関連／27
　　　(10) 反社会的勢力／28
　　▶2 リーガルリスク対応のための体制／30
　　　(1) 法務部門の対応／30
　　　(2) 他部門との協働／31
　　　(3) 全社的な対応／32
　Ⅲ 法務部門の立ち位置──理想は「強い法務」……… 34
　　▶1 位置づけ（立ち位置）／34
　　▶2 完全なる法規部／35
　　▶3 法務部員の心構え／36

第3章　企業法務の概要 ……………………………… 43

　Ⅰ 企業法務の内容 ………………………………………… 45
　　▶1 対象面から見た分類／45
　　▶2 法律面から見た分類／45
　　▶3 機能面からの分類／47
　　　① 臨床法務／47
　　　② 予防法務／47
　　　③ 戦略法務／47
　　　④ 経営法務／48

目　次　(5)

Ⅱ　具体的な企業法務の業務 …………………………49
　▶1　契約関連業務／49
　　ア　契約作成・審査業務に必要な能力（リスク管理能力）／49
　　イ　契約締結時の留意事項／51
　　　⑴　債務履行関連／52
　　　　①　売買代金支払時期／52
　　　　②　損害賠償の限度額／52
　　　　③　所有権留保特約／52
　　　　④　遅延損害金条項／52
　　　⑵　取引先の信用不安・倒産対応／52
　　　　①　期限の利益喪失条項／52
　　　　②　相殺条項／53
　　　　③　（追加）担保提供条項／54
　　　　④　公正証書作成義務条項／54
　　　⑶　不可抗力条項／54
　　　⑷　瑕疵担保責任条項／55
　　　⑸　危険負担条項／55
　　　⑹　無催告解除条項／55
　　　⑺　中途解約条項／56
　　ウ　印紙税／56
　▶2　債権管理・与信管理業務および債権回収業務／58
　　ア　債権管理・与信業務／59
　　　⑴　信用状況の判断／59
　　　⑵　与信業務／59
　　　　①　契約条件の工夫／59
　　　　②　担保の取得／59
　　　　③　時効管理・時効中断／59

イ 債権回収業務／60
　(1) 緊急対応／60
　(2) 契約条件の変更／60
　　① 金銭準消費貸借契約への変更／60
　　② 担保の設定・追加／60
　　③ 支払条件の変更／61
　　④ 強制執行認諾文言付公正証書／61
　(3) 法的回収手段の実行（取引関係の終了が前提）／61
　　① 商品の引揚げ／61
　　② 相　殺／62
　　③ 債権譲渡／62
　　④ 担保権の実行／63
ウ 債務管理としての供託／63
　　① 弁済供託／64
　　② 執行供託／65
　　③ 混合供託／66
エ 倒産法手続下での債権回収等／71
　(1) 私的整理と法的整理の違い／71
　(2) 法的整理の特徴／71
　　① 手続の特徴／71
　　② 否認権の行使／71
　　③ 相殺禁止／71
　　④ 別除権の行使の有無／71
　　⑤ 管財人・保全管理人等の権限／72
　　⑥ 代表者等の変更の有無／72
　　⑦ 倒産によって債権がどのように扱われるか／72
　(3) 貸倒れ処理／72

① 金銭債権の全部または一部の切捨てをした場合の貸倒れ
　　　　（法人税基本通達９―６―１）（法律上の貸倒れ）／73
　　　② 回収不能の金銭債権の貸倒れ
　　　　（法人税基本通達９―６―２）（事実上の貸倒れ）／73
　　　③ 一定期間取引停止後弁済がない場合等の貸倒れ
　　　　（法人税基本通達９―６―３）（形式上の貸倒れ）／73
▶３ 株主総会関連業務／75
　(1) 株主対応／75
　(2) IR説明会・施設見学会／76
　(3) その他書類作成業務／76
　　　① 株主総会の事前に株主に交付／76
　　　② 株主総会の事後に株主に交付／76
▶４ 訴訟対応（提訴・応訴）／79
▶５ 会社法関連業務／81
　(1) 商業登記業務／81
　(2) M&A関連業務／81
　(3) 取締役会・株主総会等の会社の機関の運営／82
　(4) 取締役会議事録・株主総会議事録等の作成／83
　(5) リストラクチャリング関連業務／84
▶６ 独占禁止法・下請法関連業務／84
▶７ 不動産関連業務／86
▶８ クレーム処理等／88
　(1) トイレットペーパー事件／88
　(2) 調剤クレーム事件／89
　(3) 似非同和事件／90
　(4) メール苦情事件／91
　(5) 店頭事故／92

- ▶9 反社会的勢力への対応／95
- ▶10 知的財産権関連業務／95
- ▶11 労働法関連業務／96
- ▶12 コンプライアンス関連業務／96
- ▶13 社内啓蒙・研修（リーガルマインドの涵養）・社内情報発信／97

Ⅲ 他部門（営業，財務，経営企画室，人事部等）との協同 … 99
- ▶1 株式業務／99
- ▶2 債権管理・回収業務／100
- ▶3 知的財産権関連業務／100
- ▶4 労働法関連業務／100
- ▶5 コンプライアンス関連業務／101

各　　論

第1章　法務部門の立ち上げ ……………………………… 105
　Ⅰ　D社の場合 …………………………………………………… 107
　Ⅱ　N社の場合 …………………………………………………… 110

第2章　法務部員の確保 ……………………………………… 113
　Ⅰ　法務部員に必要な能力 ……………………………………… 115
- ▶1 ビジネスマン共通の能力／115
  - (1) 表現力・コミュニケーション能力／115
  - (2) 企画力／116
  - (3) 交渉能力／117
- ▶2 法的能力／119
  - (1) 法学部卒業者（司法試験経験者含む）／119
  - (2) 法科大学院修了者／120

(3)　弁護士等（含資格保有者）企業内士業／123

　　　(4)　その他／125

　▶3　その他の能力／126

　　　(1)　外国語／126

　　　(2)　税務・会計／127

　　　(3)　会社に関する知識／130

　▶4　信頼される法務部員（法務部門）／131

Ⅱ　部員のローテーション・中途採用等……………………133

　▶1　ローテーション／133

　　　(1)　実　態／133

　　　(2)　メリット・デメリット／134

　▶2　中途採用／135

　　　(1)　中途採用の実態／135

　　　(2)　中途採用の媒体・手段／136

　　　　①　大学法学部の掲示板／136

　　　　②　一般的な人材紹介会社／136

　　　　③　法務専門エージェントの活用／136

　　　　④　インターネット転職サイト／137

　　　　⑤　日刊新聞日曜版求人欄／137

　　　(3)　中途社員の教育／137

　▶3　他部門との兼務等／138

Ⅲ　企業内士業…………………………………………………144

　▶1　企業内士業の増加／144

　　ア　企業内弁護士（社内弁護士）／144

　　イ　企業内司法書士／146

　　ウ　その他士業／148

　　　(1)　企業内弁理士／148

(2) 企業内行政書士／148
　　　　① 許認可手続等に関する問題対応／148
　　　　② 外国人雇用の場合／149
　　　(3) 企業内社会保険労務士／149
　　　(4) 企業内公認会計士・税理士／150
　　▶2 企業内士業の増加理由／150
　　　(1) 合格者の大幅な増加／150
　　　　① 弁護士／150
　　　　② 司法書士／151
　　　　③ 公認会計士／153
　　　(2) 専門性に対するニーズ／153
　　▶3 価値観の多様化／154
　Ⅳ 士業の派遣・出向 ………………………………… 156
　　▶1 派遣社員／156
　　▶2 出向社員／157

第3章　法務部員の育成 ………………………… 159
　Ⅰ 配属後の教育（スキルアップ） ………………… 161
　　▶1 法務部員の教育／161
　　▶2 OJT／162
　　▶3 社外研修／163
　Ⅱ 自己啓発 …………………………………………… 167
　　▶1 検定試験／167
　　　① 法学検定試験／167
　　　② ビジネス実務法務検定試験／168
　　▶2 資格試験／168
　　　① 行政書士試験／168

　　　　② 宅地建物取引主任者試験／168
　　　　③ 司法書士試験／168
　▶3　法科大学院等／168

第4章　事業部門（依頼部門）との関係 …………… 171
　▶1　ルール化／173
　▶2　事業部門とのコミュニケーション／173
　　(1)　日常のコミュニケーション／173
　　(2)　事業部門への働きかけ／174

第5章　外部専門家等との関わり …………………… 177
　Ⅰ　弁護士・学者（鑑定意見必要時）等 ……………… 179
　▶1　弁護士等の探し方／179
　▶2　企業法務に適する弁護士（事務所）／180
　▶3　弁護士と法務部門の役割分担／181
　　(1)　法務部員と外部弁護士の関係／182
　　(2)　社内弁護士と外部弁護士の関係／182
　　(3)　弁護士の管理／183
　Ⅱ　信用調査会社 ………………………………………… 185
　Ⅲ　各種外部団体 ………………………………………… 188
　　(1)　経営法友会／188
　　(2)　株式懇話会／188
　　(3)　その他／189
　　　　① 公益社団法人警視庁管内特殊暴力防止対策連合会(特防連)／189
　　　　② 全国暴力追放運動推進センター（暴追センター）／189

第6章　法務部門に必要なツール……………………191

- Ⅰ　法律書籍……………………………………193
  - ▶1　民　法／193
    - (1)　基本書／193
    - (2)　コンメンタール／197
  - ▶2　商法・会社法・金融商品取引法／198
    - (1)　商　法／198
    - (2)　会社法／198
    - (3)　金融商品取引法／201
    - (4)　コンメンタール／201
  - ▶3　独禁法・下請法／202
  - ▶4　契約実務／203
    - (1)　日本文契約／203
    - (2)　英文契約／205
  - ▶5　債権回収／207
  - ▶6　民事訴訟法等／209
  - ▶7　労働法／210
  - ▶8　その他／211
    - (1)　法律一般／211
    - (2)　企業法務全般／212
    - (3)　法律辞典／213
    - (4)　税務・会計／214
    - (5)　交渉術等／215
- Ⅱ　法律雑誌…………………………………216
  - ▶1　公益社団法人商事法務研究会，株式会社商事法務発行／216
  - ▶2　レクシスネクシス・ジャパン株式会社発行／217

- ▶3　株式会社中央経済社発行／217
- Ⅲ　データベース等 …………………………………………218
  - ▶1　判例データベース等の利用／218
  - ▶2　ブログ等／220
- Ⅳ　社内における各種法務情報データベースの構築 ……221
  - ▶1　契約書・特許情報等データベース／221
  - ▶2　法務情報の社内イントラネット／221

あとがき／223

総　論

第1章

法務部門とは

I　法務部門の定義

　本書において，法務部門とは，企業法務に関する業務を担当する部門・組織をいう。法務部門は，企業法務を一元的，集中的，統一的，予防法務的かつ戦略法務的に処理するための法律専門の補助またはサービス部署（auxiliary or service division）であり，法務部，法規室，法務グループ，法務（法規）課等，名称のいかんを問わない（大矢息矢『アメリカ会社法規部論』（成文堂，1997年）33頁参照）。この意味での法務部門は，企業だけではなく官公庁にも存在するが，本書では（私）企業における法務部門に限定して論述する。

　ところで「企業法務」とは，一般的に企業における法律業務全般をいう。「企業法務」の言葉自体は人口に膾炙してきたといえるが，いまだ確固たる定義づけは定められていない。企業法務の大先輩である北川俊光弁護士（東芝法務部で30年間勤務された後，九州大学法学部教授，関西大学法学部・同大学法科大学院教授を経て，現在は大阪国際大学・大阪国際大学短期大学部学長）は，企業法務について「企業（その形態や業種などを問わない）が，その事業活動（そのビジネスの内容は問わない）を行うに当たって発生してくるいろいろな法律に関連する法律業務をさばいていくことのための職種」と定義づけられている（北川俊光「企業の中でスペシャリストに」別冊法学セミナー・法学入門（1995年））。また，同じく企業法務の大先輩である柏木昇元中央大学法科大学院教授（三菱商事法務部で28年間勤務された後，東京大学法学部教授を経て中央大学法科大学院教授）は，「企業法務の定義ということはしない方が良いと思っています。企業法務の範囲は広いし，流動的ですから，企業法務の範囲を限定しない方がよい。要するに，企業が必要とする法律問題をすべて処理す

るということで，これは非常に広範囲にわたるし時代とともに変化する，これが特徴」であるといわれる（柏木昇「企業法務への誘い」法学教室167号（1994年）19頁）。

一方，「企業法務」には，①「企業がその活動を行うにあたって処理すべき公・私法の全ての分野にわたる法律事務の総称」という生態的意味と，②「企業が行う法律事務処理の活動」という動態的意味における二つの定義があるとされる（多田雅彦「学問としての企業法務」NBL536号（1994年）13頁）。

なお「企業法務」は，従来は「会社法務」と呼ばれることもあった（「特集・法学部生のための会社法務ガイダンス」法学セミナー392号（1987年），堀龍兒『会社法務入門』（日本経済新聞社，1993年）等）。むしろ会社法務の呼び名が一般的であったかもしれない[*1]が，近年は「企業法務」の名称が定着している。私見であるが，「会社法務」と称した場合，「会社法」務，つまり，会社法に関する「設立，株式，機関（経営管理），新株発行，組織変更，解散・清算」等の法律業務と誤解されることがあったため，企業法務と呼ばれるようになったのではないだろうか（一部では現在もそのような理解をしている人もいる）。それとも「法務」の用語は従来から用いられていたので，「会社に関する『法務』」を単に「会社法務」と略しただけかもしれない。

　*1　「企業の法務については，1970年前半までは「会社法務」と称していた。」（大矢息生『企業法務全集1　企業法務総論』（税務経理協会，1996年）27頁）。

Ⅱ　法務部門の発展過程

　わが国において法務部門を有する会社の総数は不明であるが，大企業を中心とする法務部門の実態を知りうるものとして，経営法友会がある（事務局は，公益社団法人商事法務研究会内に置かれている）。経営法友会は，1971年に，「企業法務実務担当者の情報交換の場」として発足し，現在は法人単位の会員組織として企業内の法務担当者[*1]（法務・文書・総務・審査・監査等）によって組織されている。同会の現在の会員数は1000社を超えている（2013年（平成25年）3月現在1,081社）。
　この経営法友会の発展形態を参考として，日本企業における法務部門の誕生過程を見てみると，大きく次の2つのケースがあるといえる。それは，①「総務部などの文書課業務から，契約書作成業務をベースとして法務部になる場合」と，②「審査部・管理部・経理部など債権管理業務から，担保管理業務・債権回収業務等をベースとして法務部になる場合」である。昭和50年代にこれらの総務部門や審査部・管理部等が，法務部または法務課等として，専門部門である法務部となることが多かった（堀龍兒『会社法務入門〔第3版〕』（日本経済新聞社，2003年）32頁参照）[*2, *3]。
　私が企業法務の一歩を踏み出したＳ社の場合，出店契約（不動産契約）の審査業務を担当する開発部業務課が法務部門の前身であり，やはり昭和50年代に総務部法務課となっている（Ｓ社の法務課は，筆者が入社した1990年（平成2年）に法務部となった。法務部に組織拡大するのに伴い，筆者を含む中途社員を採用したというのが正確である）。近年は企業の法務意識の高まりから，新たに一から法務部門を発足させる場合も多い。Ｄ社やＮ社の場合も新たに法務部門を新設し，そのために筆者を採用した

のである。

*1　本書では、「法務担当者」以外に、「法務担当」、「法務部員」という用語を用いることもあるが、いずれも「社内において企業法務を担当する社員」という同じ意味で用いる。

*2　わが国の企業における最初の独立した法務部門は、1914年（大正3年）に設置された三井物産株式会社の「文書課」であるといわれる。その後同社の文書課は文書部に改組され、初代文書部長の高橋仰之氏は弁護士出身者であり、わが国における社内弁護士の第1号であると思われる。同社はわが国の企業において「法務課」という名称を1943年（昭和18年）に初めて使用した。なお、三菱商事には1937年（昭和12年）に、総務部文書課に法規係が存在していた（大矢息生・前掲『企業法務全集1　企業法務総論』15頁～16頁参照）。

　戦前における企業法務の概要については、1937年（昭和12年）に大学を卒業後、当時の三菱商事に入社し総務部文書課に配属された、故今村成和北海道大学名誉教授の「企業法務の萌芽期を回顧する〔戦前〕――三菱商事にいた頃」法学教室167号（1994年）38頁が参考になるとともに、興味深い。

*3　法務部門の発展に伴う企業法務の発展過程（量的・質的変化）については、大矢息生・前掲『企業法務全集1　企業法務総論』第2節企業法務の発展（12頁以下）、大矢息生『アメリカ会社法規部論』（成文堂、1997年）148頁以下）に詳しい論述がある。

　大矢氏は、日本企業の法務部門は、第1期（1939年～1973年）＝裁判法学に重点を置くサービス・スタッフ型法規部、第2期（1974年～1980年）＝予防法学を重視するスペシャリスト型法規部、第3期（1981年～現在）＝戦略法務を重視するゼネラル・スタッフ型法規部と発展してきたという。なお、1973年は第一次オイルショックが発生し、1980年代には本格的な国際化時代を迎え、日米および日欧間の貿易摩擦や技術摩擦が法的紛争と法律違反（ココム違反事件）、という形でリーガルリスクが急激に顕在化してきたという時代背景がある。

Ⅲ　法務部門の実態

▶1　法務部門の総人員

　経営法友会は、「企業の法務部門が直面する業務課題を多角的な視点から明らかにするとともに、今後のあるべき姿を探ることを」目的として、1965年（昭和40年）以降、5年ごとに「会社法務部実態調査」（以下「実態調査」という）を実施している（第1次および第2次実態調査は㈳商事法務研究会が実施）。なお、実態調査の対象は経営法友会会員会社および証券取引所上場会社等である（第10次実態調査（2010年（平成22年））では対象6110社）。この実態調査をもとに、近年の法務部門の人員の推移を見てみる。

　まず、第5次実態調査（1985年（昭和60年））では、回答479社約1500名、第7次実態調査（1995年（平成7年））では、回答992社5359名、第8次実態調査（2000年（平成12年））では、回答1183社5731名、第9次実態調査（2005年（平成17年））では、回答981社6530名、直近の第10次実態調査（2010年（平成22年））では、回答938社7193名であり、法務部門の人員数は年々増加している[*1]。

　法務を専門部署として設置する企業は、昭和40年代から大企業を中心に増えてはいたが、筆者が「企業法務」として働き始めた1990年（平成2年）当時は、通常規模の企業で法務部門を専門に設けるところは少なく、「企業法務」の呼称自体も一般にはあまり知られていなかった（どちらかというと、「会社法務」という呼称が多かったように思う）。したがって、当時は大学卒業後にダイレクトに法務部門に進むことは少なく、ま

た転職に際して「法務」という職種の選択はほとんどなく，法務部門に転職することは困難であった。S社の法務部に入社したのは，流通業に興味を持ったのも一因であるが，S社の他に大企業で法務の中途採用をする企業があまりなかったことが大きい。筆者が就職（転職）活動をしていた平成元年の秋頃に，S社以外で法務職を中途採用していたのは，知りえた限りではS社と同じグループのS百貨店，伊藤萬商事（後にイトマン㈱に商号変更。いわゆる「イトマン事件」後，1993年（平成5年）に住金物産㈱に吸収合併された）や大手化学企業のT社くらいであった（伊藤萬商事は最終面接まで残ったが，S社に入社が決まったので辞退した。また，T社はエントリーしたが書類選考の段階で落とされため，人事に直接電話して理由を聞かせてもらったところ，「司法試験択一試験合格レベル」以上を求めているとの回答があり，司法書士試験の知名度の低さを嘆いた思い出がある）。

　その後，1990年代の半ばにかけて「法務」を中途採用する会社も順調に増えてきて，従来は中途採用実績のなかった大商社や大メーカーも法務を中途で採用するようになっていった。現在では，法務を専門部署として設置する企業は格段に増え，それに伴い企業法務および法務部門の用語や内容も一般に広く知られるようになった（各種アンケートの欄に回答者の職種として総務の他に「法務」が挙げられることも珍しくなくなってきた）。新興企業やこれまで法務部門を設けていなかった企業でも，(形式的ではあっても) 法務部門を設置する会社は多い。

　また，転職市場においても景気の低迷にかかわらず企業法務の人気と需要は堅調であり，S社に入社した頃と比べて隔世の感がある。筆者は現在都内の私立大学法学部で登記法を教えており，開講の際に学生達に進路についてのアンケートを実施しているが，企業法務への進路を希望する者も結構多い。

＊1　第6次実態調査（1990年（平成2年））では，法務部員の総人数は明らかではない。同調査では，平均1社9.4人（うち，役付2.9人，女子2.9人），法務専管の会社平均では9.9人（役付3.1人，女子2.5人）とのデータがあるのみである。

◇◇◇◇ Column ◇◇◇◇◇◇◇◇◇◇◇◇◇◇◇◇◇◇◇◇◇◇◇◇◇◇◇◇◇◇◇◇◇◇◇◇◇

　私の手元に，大切に保管している1冊の雑誌がある。日本評論社の月刊法学セミナーの「1987年8月号（392号）」である。この号の特集は，「法学部生のための会社法務ガイダンス」であり，「いま，会社法務が注目されている。取引における契約の重要性の増大，企業活動に対する法的規制など会社と法律問題はますます密接になっており，法務マンの活躍の舞台は広がる一方だ。この特集は，これから企業に入ろうとする人びとに法務部を知ってもらうための進路ガイダンスである。」と書かれている。この号で梅本吉彦専修大学教授（掲載当時）は次のように述べられている。「法をめぐって，理論と実務とがさまざまな局面で交錯する。『実務』というものを考えるときに，裁判実務，法務実務，立法実務および会社法務がある。いずれも独立してそれぞれ存在意義をもっている一方で，相互に関連し合っている。これらのうち，会社法務は他の三者と比較して経済活動と一体をなして機能する点で著しい特徴がある。企業としては，営利の追求と法との調和が大きな課題となる。同時に法的正義との整合性が問われる場でもある。他方，いかなる法実務もそれを担う主体の水準以上に秀れたものではありえない。会社法務担当者の資質が求められる所以である。しかし，会社法務の向上は，法務部門の拡充だけで足りるものではない。会社法務が有効に機能する組織系列が企業内に設けられているだけでなく，企業人に法の遵守という基本的姿勢が確立されていることこそがまず要求されるのではないだろうか。」（同号表紙より）。
　私はこの特集記事を読んで初めて「企業法務」の存在を知り，是非とも企業法務に進みたいと思った。そして30歳近い（当時27歳）の未経験者が企業法務へ転職するには，資格でもなければ無理だと考え，同時に学生時代に早々と司法試験を断念したことへの悔いもあり，司法書士試験を受験することとした。その後何とか司法書士資格を取得し，ただちに企業法務の道へ進んだ。いまでこそ企業法務は法学部生

の進路の一つとして学生等に知られているが，当時の私は企業法務の存在をまったく知らず，この本を手にとることがなければ，企業法務の道へ進むこともなかっただろう。

◇◇◇◇◇◇◇◇◇◇◇◇◇◇◇◇◇◇◇◇◇◇◇◇◇◇◇◇◇◇◇◇◇◇◇◇

▶2　法務組織の位置づけ・規模

　各社によって，法務部門の組織上の位置づけ・規模はさまざまである。一般的には管理部門系の一組織として置かれることが多いが，社長直轄の組織（社長室法務部等）として法務部門が置かれることもある。

　また，法務部門を設置している会社でも，①専門部署として設置している場合，②専門部署としては設置していない場合に大きく分かれる。そして専門部署を設置している場合でも，法務部・法務室等の「部」として設置している場合や，法務課等の「課」レベルで設置している場合，また総務課等の課の内部に法務グループ・法務チーム等の「グループ・チーム制」を設けている会社等，組織の規模もさまざまである。なお，専門部門として法務部門を設置していない場合には，法務専任担当者を置く場合と，他部門（たとえば総務）との兼任の担当者を置くにとどめる場合に分かれる[*2]。

　　*2　「法務部門が存在しないことが，その会社においては法務関連の問題にまったく無関心，無防衛であ」ることを意味するわけではない。「つまり，会社（株式会社）であるということは，登記・登録，株主総会・取締役会関連の仕事，会社決裁基準・規程管理や許認可届等の業務（これらは一般に文書業務とよばれている），株主関連の株式業務などを担当する者は一人はいるはずで，その者は，総務，業務担当等と呼ばれていても広い意味では，法務担当である。」（北川俊光「企業法務の歴史的発展〔戦後〕」法学教室167号（1994年）41頁）。

▶3　法務部員数

　各社の法務部門の在籍人数であるが、数十人が在籍する法務部（東京と大阪等、支店・各拠点ごと（海外拠点を含む）にそれぞれ法務部門を設置している会社もある）から、法務部員が1人の場合まで、さまざまである（近年の企業法務の認知度の高まりから、とりあえず法務部員を置いておこうという会社（そのような企業には、いわゆる「一人法務」（実質的に法務を1人で担当している場合）や一応法務部員ではあるが、他部門と兼任でしかも法務業務の比重が低い「名ばかり法務」もある）も増えているようである。

　また、国際法務業務については、（国内）法務部門が国内法務業務と同時に担当している会社がある（過半数の会社がそうである）一方で、一定規模以上の会社では、国際法務業務を専門に行う国際法務部門を国内法務部門とは別に設けていることも多い。また、法務部門は主に国内法務を行い、国際法務業務は、他の国際取引業務と併せて、海外事業部等の法務部門以外の他部門が担当する企業もある。S社の場合は、法務部とは別の「国際業務部」という海外業務担当部門が契約業務も含め、国際法務業務を行っていた（高石義一氏は、この国際取引と国内取引に対する企業法務部門の二元化を「日本的便宜主義」であり、法的判断と選択の基準は「便宜」ではなくて、「原則思考」でなくてはならないといわれる（高石義一「法務問題の現在と将来」判例タイムズ434号（1981年）23頁参照））。

>>>>>> **Column** >>>>>>>>>>>>>>>>>>>>>>>>>>>>>>
　私が法務マンのスタートを切ったS社（在籍10年）の場合、入社時は法務部門は業務管理本部「法務部」であり、人員は2名のパート従業員を入れて最大時で14名（うちカナダ人弁護士1人）であった。その後S社の業績悪化により、2000年（平成12年）頃には総務部法務課に縮小となり、法務人員も6名前後となった。

次に入社したB社（在籍1年）の場合は，すでに管理部門の中に法務部が存在しており，取締役法務部長を含め2～3名の体制であった。しかしながら既存法務部とは別にM＆Aを専門に行う法務部門（新規事業開発グループ）を社長室直下に新設するということで私が採用され，当初社長室に同マネジャーとして配属されたが，最終的には法務部へ異動となった。

3社目のD社（在籍1年半）の場合は，業務部門の中に法務部門が新設されたが，後に「法務商務部」（Business Affairs）に改組された。D社は日米50：50の合弁会社であり，アメリカ側株主の要請により法務部員が積極的に営業に同行するために法務・営業が混在する部門（法務・商務部）に改組されたのである。

4社目のN社（在籍3年）の場合は，上場するに際して新たに法務部を立ち上げる，ということで法務部長として採用された（部下は2名）が，結局「総務部法務部長」という肩書きだけを与えられ，総務と兼任の部下（らしき人員）が1名いるのみで，実質一人法務であった。

最後に当社には，法務知的財産部の法務グループマネジャーとして入社し，部下2人を入れて法務3人体制でスタートしたが，その後知的財産部が単独の部門として分離独立し，法務部門は総務部に吸収される形となった。当社の現在の法務部門は「総務部法務グループ」であり，私と部下2人（1人は法科大学院卒）の計3人である。

　　　　　　　　　＊　　　　　＊　　　　　＊

実は，S社からB社へ転職する直前に，消費者金融のS社（当時九州に本店のあった大手）から内定をもらったことがある。S社は大手消費者金融の中で最初に東証一部上場を果たし，東京進出（東京本部を設置）を契機に法務部門を新設しようと考えていた。ところが，会長面接も終え，入社時期をいつにするかの段階で，一方的に断りを入れてB社に転職してしまった。先に内定をもらったためいったんはS社に転職を決めたのだが，どうしても消費者金融業に馴染めなかったのと，何よりITバブルのさなかでIT関連企業のB社に憧れがあったからである。

消費者金融のS社は，当事web会員登録をしていた大手人材紹介会社からの紹介であり，内定を断った後即座に同人材紹介会社に呼び出され，さんざん悪態をつかれてしまった。

第 2 章

法務部門の役割

Ⅰ　法務部門を設置する理由

▶1　法務部門を設置する意義

　顧問弁護士がいるにもかかわらず，また何かあったときに業務を依頼できる外部弁護士がいるにもかかわらず，わざわざ社員から成る法務部門という組織を設ける意義は何であろうか。

　企業に発生する法律問題について，外部の弁護士事務所に対応を依頼する場合，弁護士は専門家として，過去の知識・経験等からさまざまな問題対応のためのオプションを提示してくれる。しかしながら，オプション（選択肢）の提示だけで，「これもある，あれもある。どれを選ぶかはそちらで決めてください。」といった対応をされることも少なくない。

　これは弁護士が依頼企業の実情を十分に把握できていないため，一般論としての対応策を提示することしかできないからである。また，弁護士の側からすれば，経営判断自体は会社が行うものであり，弁護士が行うわけではないし，仮に断定的な判断の提供をした場合に，それにより生じる責任をとりうる立場にないと考えるのかもしれない。

　これに対して，法務部門は，自社の実情をどこよりも一番よく知っており，自社の強み・弱みを考えた上で自社に最適なオプションを選び，それに従って問題に対応することができる。これこそが法務部門の存在意義である。

　また，法務部門の介在なしに外部の弁護士に法務業務を依頼した場合，事業部門は得てして自分に都合のよいことしか話さないこともある（少

なくとも，積極的に都合の悪いことを自ら話すことは少ない）し，また，法律問題が発生したときに，「ある事柄が法的に重要な事実である」ことの理解・認識がないため，弁護士に対してポイントとなる事実の説明をできないこともあり，結果的に外部の弁護士事務所がミスリードされる可能性も否定できない。

　法務部門と弁護士の関係は，「企業法務部門は弁護士の弱点（情報収集力の不足，その企業の経営の現在と将来に対する的確な情報不足，等）を補い，また，弁護士は企業法務部門の弱点（現行人事制度下での専門化の限界，法曹教育の不十分，他社の事例不足，等）を補完」する協同関係にあり，両者が相まって企業法務業務を遂行するのである（髙石義一「法務問題の現在と将来」判例タイムズ434号（1981年）26頁）。

　法務部門と弁護士は，いわば両輪の輪の関係であり，中には「社内の法律問題はどうせ社外の弁護士に依頼するのであり，わざわざ社内に立派な法務部門を設ける必要はない（すなわち，多少法律を知っている"つなぎ役"がいればいい）。」いう考えの企業もあるが，大変な間違いである。

▶2　法務部門設置の目的

　法務部門を設置する最大の目的は，企業のリーガルリスク（「Ⅱリーガルリスク対応」で後述）を回避・減少させることにある[*1]。法務部門としては，企業が事業計画を立案し，取引を開始するに当たって法的側面から検討し，リーガルリスクを指摘して回避するよう事業部門と協働することが必要である（リーガルリスクを極小化することが理想であり，リスクをゼロにすることはできない）。法務部門は弁護士事務所と異なり，現場に直結しているので，事実をより適格にとらえることができる有利な立場にある。

　たとえば，「特許保証」について考えてみると，買主から製品・材料

等を購入するに当たって特許権侵害があった場合の損害賠償，すなわち特許保証を求められることが多い。しかしながら特許については完全な保証は事実上は不可能である（物質特許ならばいざしらず，用途特許の場合，他社の特許権侵害をゼロにすることは理論上不可能である）。

この特許保証については，外部の弁護士事務所であれば，自社に不利であるので保証条項を削除すべきであるとアドバイスするだろう。しかしながら，実際に売買の対象となるものが，「過去何十年にもわたり製造・販売をし続けており，これまでに1度も特許問題でクレームをつけられたことがない。」という場合はどうだろうか。このような製品は決して少なくないはずである。確かに，万々一特許保証責任を負わされた場合を考え，躊躇する（すなわち特許保証を行わない）こともわからないでもない。しかしながら，法務部門としては，このような製品の場合は実際には特許保証をしても問題ないと判断すべきである。そうでなければ，「特許保証」というリスクに拘泥しすぎて，本来の事業に支障を来すこととなりかねない。なぜなら，長年にわたり特許問題でクレームをつけられたことがない製品は，いわば汎用品であり他社と比較して自社に優位性がない場合が多く，特許保証を拒否すれば他社から同様の製品を購入され，商売の機会を失ってしまうことになりかねないからである。

＊1　大矢息生元弁護士は，しばしばこのことをリーガルリスク・マネージメント（legal risk management：L.R.M。法的危険を予見・予防し，そして回避すること）と呼ばれている。

▶3　法務部門の存在しない企業の企業法務

法務部門を設置する企業および法務部員の全体数は毎年増えているが，わが国では，まだまだ法務部門の存在しない企業の方が多い。それでは，法務部門の存在しない企業は，企業法務を日常どのように処理している

のだろうか。

　大矢息生氏は，次のようにいわれる。従来から会社法務部門の存在しない企業，「ことに中小企業における法律事務の処理は，いわゆる紛争処理（治療法務）的にかつ裁判法学的に，つまり法的危険が発生したとき，その事故が発生したそれぞれの部署（division）の担当者（または担当責任者）がその後始末的に自己処理をして」いる。たとえば「株式事務，株主管理，株主総会は，主として総務課，その次に庶務課，株式課や文書課などが事務処理を分担して」いる。「債権管理は原則として営業部，販売部が担当し，それが不良債権化して焦げ付いた時には，審査部，経理課や管管理課が残務処理をし，どうにもならないと判断した時には社外の弁護士に依頼して訴訟に持ち込んで処理」をする。「また，従業員の不正行為の処理については人事課・労務課，社員教育については教育課とか人事課，労働組合対策は労務課で処理する。特許や商標関係の管理や紛争については総務課，特許課，企画かあるいは研究所，会社の合併や業務提携などは企画室などで，それぞれの権限の範囲で非科学的な治療法学的な考え方で処理されて」いる。「このように企業の法律事務を分散して処理すると，各部署ごとの意思の疎通の円滑化が図られず，非科学的，非合理的であり」，「このような紛争処理的な法律事務処理方法では，いくら有能な弁護士でも，結果的には時間と費用がかかるばかりである」（大矢息生『企業法務全集1　企業法務総論』（税務経理協会，1996年）22頁）。

　法務部門が存在しない場合には，以上のようなデメリットがあるが，これらのことは，法務部門の存在しない企業だけではなく，法務部門を設置している企業にもまま当てはまることでないだろうか。

Ⅱ　リーガルリスク対応

▶1　リーガルリスクとは

　リーガルリスク（近頃は，「法務リスク」または「法的リスク」と呼ばれることも多い）とは，「法律あるいは法的紛争によって企業が損失や不利益を被るリスク」であり，その対象は「契約違反や，法令違反，第三者の権利侵害といった法務セクションが管掌する事項に限られない。財務，経理，人事などのあらゆる部門に法務リスクは存在する」（阿部・井窪・片山法律事務所編『法務リスク管理ガイドブック』（民事法務研究会，2011年）はしがきより。なお，同書は法務リスクについて，具体的・実践的な指針となる手引きを提供する好著である）。

　ところで一言でリーガルリスクといっても，企業によってさまざまなリスクが想定されるとともに，各社・各業種によってリスクの種類・軽重も異なる。一般的なメーカーを例にとると，ざっと以下のようなリーガルリスクが考えられる。

(1) **特許権侵害**

　メーカーにとって自社保有の特許を守ることは当然のことであるが，他社特許を侵害するリスクが事業活動に常に内在することに注意しなければならない。特許権には，基本特許に加え，周辺特許，用途特許の区別があるからである。特許権侵害の問題はいずれの企業も神経を使っており，最近では一般的な取引基本契約においても，売主に対する「第三者の特許権不侵害」の保証条項が設けられることが増えている。[*1]

(2) カントリーリスク

　カントリーリスクは，「取引等の対象となる国の「政策変更，政治・社会経済情勢等の変化により受けるリスク」である。カントリーリスクは従来からいわれていたことであるが，近年中国をはじめとするアジア諸国との取引(工場進出，JV事業等を含む)が各企業とも拡大しており，アジア各国のカントリーリスクには，特に適切に対応しなければならない。

　2012年9月に中国各地で反日暴動が発生し，各企業はまさしく「中国リスク」に遭遇したのであるが，中国に次いで新規投資案件が増えているインドについても「内需鈍化，物価は高止まりであり，インド市場の開拓を目指すグローバル企業の新たなリスク」があるといわれている(2012年10月18日の日本経済新聞朝刊3面)。また，2011年のタイにおける大水害等，当該国に特徴的な自然災害というカントリーリスクもある。

　一方，法制についてのカントリーリスク対応であるが，これらのアジア案件について，法務部門だけで対応しなくとも(現実には自社の法務部門だけで対応できる企業は非常に限られている)，大規模法律事務所，会計事務所系コンサルティング会社をはじめとする，外部の各種専門家集団に委託することにより，これらのリーガルリスクに迅速・適正に対応することが可能である。

　しかしながら，リーガルコストの観点から，そうそう外部へ委託するわけにもいかない。たとえば，台湾・韓国の法律問題については，日本の大手法律事務所でも直接対応できるところは少ない。日本の法律事務所に依頼しても，当該事務所と提携している現地法律事務所との共同作業となり，コストが二重に発生してしまう。アジアの法律案件では，メーカーの法務としては直接現地法律事務所に依頼する術が少なく(商社等の法務部門は早くから現地法律事務所とネットワークを構築しているのだろうが)，今後のアジア案件では，現地の弁護士確保に頭を悩ますと

ころである（企業によっては，付き合いのある四大法律事務所（後述）から現地弁護士を紹介してもらうこともあるようだ）。

●西村あさひ法律事務所（http://www.jurists.co.jp/ja/firm/）
　「国際業務分野の一層の強化の一環として，特に21世紀の世界経済発展の原動力となるべきアジア地域におけるネットワーク拡大を目指し，中国・北京事務所，ベトナム・ホーチミン事務所，ハノイ事務所，シンガポール事務所を開設して」いる（同事務所ホームページより）。
●森・濱田松本法律事務所
　（http://www.mhmjapan.com/ja/domain/9/index.html）
　「これまでに多くの中国案件を処理し，数多くの経験とノウハウを有」するとともに，アジア主要国のインド，タイ，インドネシア，ベトナム，シンガポール，マレーシアで所属事務所の弁護士を現地駐在させ，また現地法律事務所と緊密な関係を築く等して，「生産拠点としてだけではなく，マーケットとしてのアジアに注目したリーガルサービスを提供」している（同事務所ホームページより）。アジアでは北京・上海・シンガポールにオフィスを開設している。
●長島・大野・常松法律事務所
　（http://www.noandt.com/practice/asia.php）
　中国およびオーストラリアの大手法律事務所との提携により，アジア・オセアニアの成長市場に20カ所を超える業務拠点を確保し，中国（北京，上海），タイ（バンコク），ベトナム（ハノイ，ホーチミン），インドネシア（ジャカルタ）などに所属弁護士が駐在している。また，提携事務所のある地域以外でも，インドその他の地域において現地法律事務所との友好関係を確立し，特定の国・地域に限定されないシームレスなサービスを提供している（同事務所ホームペー

ジより)。

●KPMGグループ（KPMGジャパン）（http://www.kpmg.or.jp/）

　「KPMGは，世界の主要60都市に約500名の日本人および日本語対応可能なプロフェッショナルを配し，日系多国籍企業に対する日本人によるサービス体制を構築してい」る。また，「担当地域内の各分野に精通した専門家が海外現地法人・支店等の監査をはじめ，税務，法務，人事，コーポレートファイナンス等の幅広いサービスを日本語により提供してい」る。「KPMGジャパンは，KPMG Internationalの日本におけるメンバーファームの総称であり，監査，税務，アドバイザリーの3つの分野にわたる10のプロフェッショナルファームによって構成されてい」る。(同グループホームページより)。

●JETRO（日本貿易振興機構（ジェトロ））

　（http://www.jetro.go.jp/indexj.html）

　JETRO（独立行政法人日本貿易振興機構）（ジェトロ）は，世界各国の経済・市場情報，貿易・投資実務，関税情報，セミナー・見本市，出版物情報等を紹介しており，同サイトではアジア各国の情報外資に関する規制や外国企業の会社設立手続・必要書類等の法務情報を知ることができる。

　たとえば，同サイトにアップされている「中国進出における委託加工貿易，技術ライセンスの契約，商標に関するQ&A集」（http://www.jetro.go.jp/world/asia/cn/ip/pdf/china_qa_pamphlet.pdf）は，中国の中国でビジネスを行う上で最低限知っておくべき内容について，失敗例を用いてわかりやすく説明されており，中国とのビジネスをこれから行おうとする企業にとって有益である。

※上記以外の大手法律事務所では，四大法律事務所（西村あさひ法律事務所，長島・大野・常松法律事務所，森・濱田松本法律事務所とアンダーソン・毛利・友常法律事務所を併せて，一般に四大法律事務所と呼ぶ）の一つであるアンダーソン・毛利・友常法律事務所が早くから北京事務所を開設し，またTMI総合法律事務所や大江橋法律事務所も上海にオフィスを設けている。またその他，ご紹介した法律事務所以外にも，中国やアジア諸国に視点を設け，また現地法律事務所とのネットワークを有する日本の法律事務所は複数ある。

(3) 独禁法・下請法違反事件

　独禁法違反事例には，「私的独占」，「不当廉売」，「抱き合わせ販売」，「価格拘束」，「優越的地位の濫用」等種々の規制類型があるし，また下請法には，親事業者の禁止行為が詳細に定められている。近年，独禁法および下請法の当局による厳格な運用化が顕著である。平成21年改正独禁法では，優越的地位の濫用行為に対して課徴金が課されることとなった。また長引く景気の低迷による企業のコストカットが，下請企業にしわ寄せとなり，下請企業が苦しい立場に追い込まれることが多くなっているため，公正取引委員会は下請法を厳格に運用していくことを明言している。各社とも独禁法・下請法違反のないよう十分に留意しなければならない。

(4) グループ会社を含めた内部統制関連問題
　　（経営者・社員等の横領・背任，不正経理等の不正行為等）

　各部門のリスク管理体制をきっちりと構築し，かつ機能させていないと社員，子会社役員等の不正行為により，会社自体が被害者や第三者から損害賠償請求を求められることとなる上に，レピュテーションリスク（評価の悪化）の問題ともなる。

(5) 業務上過失

メーカーの場合は，製造現場における事故等の発生を予防することが重要である。原材料の不適切な保管や工場設備等の劣化等による事故を起こすことがあってはならない。また万一事故等が発生した場合の消防署・海上保安庁等関係官庁や地方自治体への適切な対応が重要である。

(6) 安全保障輸出管理（外国為替及び外国貿易法関連）等海外取引関連

輸出に関する規制としては，仕向地・用途にかかわらず事前に許可が必要となる「リスト規制」と，輸出する貨物や提供する技術が，大量破壊兵器等の開発・製造等に用いられるおそれがある場合に規制される「キャッチオール規制」がある。規制に該当する場合，事前に経済産業省の許可が必要となるが，これらの規制への適正な対応はメーカーにとって必須事項である。その他各国競争法の域外適用や移転価格税制もリーガルリスクの一つである。

(7) 製品リスク
　　（製造物責任，瑕疵担保責任，特定有害物質規制（RoHS指令等）等）

製造過程に問題があり，製品に欠陥が生じると取引先との契約違反となる（債務不履行責任，瑕疵担保責任）とともに，場合によっては製造物責任を問われて，莫大な損害賠償責任を負うこともある。さらにこれらの損害賠償（金銭債務）以外にも，万一リコール問題が生じた場合には，企業の社会的信用が失墜するとともに，当該事業全体に大きな影響を及ぼす（場合によっては，事業廃止となることもある）こともありうる。

また，特定有害物質規制についてヨーロッパにおけるRoHS指令（カドミウム，鉛，水銀，六価クロム，ポリ臭化ビフェニル，ポリ臭化ビフェニルエーテルの6物質の指定値を超えて含まれた電子・電気機器を上市するこ

とが禁じられている），がよく知られているところ，近年はいわゆる中国版RoHSや韓国版RoHSといった，アジア各国独自の規制（積み増し規制）も制定されており，これらへの対応も頭の痛いところである。

(8) 営業・技術情報等の情報管理（漏洩防止）

営業情報や技術情報の管理も，対応を誤ると情報漏洩をもたらし，企業に甚大な損害を与えることになりかねない。情報漏洩を防ぐためには社内の情報管理体制を整えるとともに，情報開示の際には，事前に相手方と秘密保持契約を結び，秘密情報である旨を明確にした上で情報開示をするなど情報の管理と開示には注意しなければならない。消費者を対象とする企業は，個人情報の管理も厳重に行わなければならない。

(9) 労務関連

労務関連リスクとしては，まず，「セクシャル・ハラスメント」，「パワー・ハラスメント」等の労働者の人権に関わるリスクが挙げられる。セクシャル・ハラスメントは，雇用機会均等法では，「職場において行われる性的な言動に対するその雇用する労働者の対応により当該労働者がその労働条件につき不利益を受け，または当該性的な言動により当該労働者の就業環境が害されること」と規定されており（雇用機会均等法11条1項），事業主はセクシャル・ハラスメントのないように，雇用管理上必要な措置を講じなければならない（同項）。なおセクシャル・ハラスメントは，一般には「相手方の意に反する性的言動」といわれており，そもそもは，異性間のものであったのが，同性間の言動も対象となるなど，対象は広がっている。またパワー・ハラスメントは，「上司が部下を指導・注意・叱責する過程で行う部下の人格を侵害する言動」（菅野和夫『労働法〔第10版〕』（弘文堂，2012年）177頁）をいい，いずれも違法行為であり，場合によって，加害者は民事責任・刑事責任を負う

こともなる（使用者たる企業は使用者責任（民法715条1項）を負う可能性もある）。

近年問題となっているのが，いわゆる「偽装請負」のリスクである。偽装請負とは，「実態は労働者派遣（または労働者供給）であるが，業務処理請負・委託を偽装して行われているもの」（管野・前掲書261頁）であり，違法な労働者派遣である。偽装請負の場合は，請負としながらも，発注者が業務の細かい指示を労働者に出したり，出退勤・勤務時間の管理を行ったりする。偽装請負により労働者を派遣する事業主は，労働者派遣法違反となり，罰則または行政監督の対象となるとともに，受け入れる側の事業主（派遣先事業主）も場合によっては行政指導や監督の対象とされ，また，労働者派遣法の規定違反となり，行政監督の対象となりうる。

偽装請負の典型的なパターンとしては，①受注者が発注者から業務処理を請け負い（受託し），自己の雇用する労働者を発注者の事業上に派遣し就労させているが，その労働者の就労についての指揮命令（労務管理）を行わず，これを発注者に委ねているものや，②派遣した労働者に対する指揮命令の責任者を置いて自ら指揮命令を行う形式にしているが，実質的には発注者が指揮命令を行っている場合（労働者派遣タイプ）がある（同書261頁参照）。厚生労働省は，近年偽装請負への指導を強めており，最近では東日本大震災における福島第1原発の復旧工事において，東京電力の下請け会社8社について，偽装請負を行っていたとして是正指導した（東京電力およびグループ会社の東京エネシスには改善要請。2012年12月9日の朝日新聞朝刊1面）。

(10) 反社会的勢力

日頃から警察等と連携をとっておき，また暴力団排除条項を自社の契約書に設定する等，万一反社会的勢力と関係を生じることとなった場合でも，すぐに関係を遮断できるようあらかじめ備えておくべきである。

そうはいっても，従来からの取引先が実は反社会的勢力であることが判明した場合，すでに取り交わしている取引契約書に暴力団排除条項を設けていない場合も多いし，また過去に締結した契約に対しても暴排条項を及ぼす旨の合意をしていたとしても，現実的に当該取引先との関係をすぐに遮断することは困難であることは否めない。しかし，法務部門としては，取引先が反社会的勢力であることが反面した場合には，ただちに取引を解消すべく，担当部門を後押しして，実行させなければならない。場合によっては，取引解消後の報復も視野に入れてその対応を勘案しなければならない。九州の一部では，暴力団排除を宣言した企業を狙い撃ちにした反社会的勢力からの報復が発生しているが，企業は毅然とした態度で立ち向かわなければならないと思う。

　なお，一部官庁や地方自治体では，反社会的勢力のうち暴力団関係業者のリストを公表しているので，日頃からチェックしておくべきである(*2)。

　　*1　条項例

> 第〇条（知的財産権の侵害）
> 　売主は，本製品及びその製造方法に関して，第三者の特許権，著作権等の知的財産権を侵害しないことを保証する。
> 2．買主は，第三者との間において，前項に定める知的財産権の侵害につき紛争が生じた場合またはそのおそれがある場合は，売主に対し遅滞なく通知するとともに，同時に，売主は自己の責任と負担において一切の紛争を解決し，売主が被った全ての損害を賠償しなければならない。

　　*2　企業として，日頃反社会的勢力対応をどうすれば良いかについては，東京弁護士会民事介入暴力対策特別委員会編『企業による暴力団排除の実践』（商事法務，2013年）が役に立つ。同書は，「暴力団関係者の調査」，「警察からの情報提供」，「取引遮断の実行」等々，反社会的勢

力対応で企業が実際に悩む点について，有益なアドバイス・情報を提供してくれる。

同書は，同じく東京弁護士会民事介入暴力対策特別委員会編『反社会的勢力リスク管理の実務』（商事法務，2009年。2007年（平成19年）6月に政府が「企業が反社会的勢力による被害を防止するための指針」を公表したことを受けて出版），『暴力団排除と企業対応の実務』（商事法務，2011年。2011年（平成23年）10月に全国で暴力団排除条例が全面施行されるのに合わせて出版）に続くものであり，「暴排条項の導入もある程度済ませ，取引先の属性調査を行って」いる企業を対象としている。いまだ暴排条項の導入が済んでいない場合（また済んでいたとしても）は，前2著も非常に参考となる。

▶2　リーガルリスク対応のための体制

(1)　法務部門の対応

社会が複雑・高度化するにつれて，リーガルリスクも対象が広くなり，難易度も高くなるが，一方リーガルリスクに対応する法務機能が各社に備わっているかといえば，正直不十分な会社が多いのではないか。もちろん，これらのリスクすべてに法務部門のみが対応するのではなく，その主管は労務問題であれば人事部であり，また製品リスクであれば品質管理部門であり，場合によってはコンプライアンス部門が対応することが一般的である。しかしながら，リーガルリスクであるからには，いずれにしろ法務部門が関わらざるをえない。たとえば，製品リスクの場合，製品に有害物質が混入することがないか否かの判断や品質保証の判断は品質管理部門が行うが，万一有害物質が混入した時や品質を充たすことができなかった場合の損害賠償等の対応は，法務部門が全面的に対応せざるをえない。

(2) 他部門との協働

　企業取引のみならず，およそ企業で生じる問題にはさまざまな要素が絡み合っており，法的な判断だけで片づくことは少ない。リーガルリスクに対応する際には，法務部門として，主管部門または関連部門とどのように協働するかも重要な点である。しかしながら他部門と協働する際の問題対処・行動ルールはあまり明確になっていないのが一般的であり，その点のルール作りが重要である。問題発生時にどの段階で法務部門に連絡するか，またどの段階で当該部門と法務部門が協働するのかといったルールである。このようなルールがないと，ともすれば当該主管部門だけで対応策等を判断して，実行直前に念のために法務部門へも連絡してくるということになりかねない。これでは，最善の法的対応をとることは難しい。

> **例**
> 〈1〉消費者クレーム
> 　消費者クレームは最悪訴訟まで発展する（エスカレーションする）こともある。通常消費者からのクレームはまずは「消費者室」や「お客様相談室」といった部門が受けるが，どの段階で法務部へ情報提供し，また共同対応するのか。
> 〈2〉プレスリリース
> 　広報部門がリリースする会社情報は，場合によっては会社に対する法的問題を生じさせることもある。広報部門と法務部門の協働関係をどのようにするかも決めておくべきである。
> 　Ｓ社の場合は，プレスリリースについては必ず法務部が事前に原稿をチェックし，発表事実に対する法的問題の有無を検討し，場合によってはリリースに対するQ&A作成にも法務部門が協力する体

> 制がとられていた。

(3) 全社的な対応

　リーガルリスクに対する実効性のある法務部門の体制作りには，経営トップをはじめとした全社的なコンプライアンスに関する意識の共有化が必要である。また不況の影響もあるが，法務部門もコスト部門であると考える風潮が一般にないわけではなく，単に法務部門の陣容を拡大するわけにはいかず，効率のよい体制作りは難しい。

　私としては，日々他部門から信頼を得られるよう努力しており，契約書ベースでは必ず法務の事前審査を経るルールは浸透してきた。製品の品質に関するクレーム・トラブル対応について感謝されたことも何度かある。しかしながら，他部門から本当に頼りにされているかといえば，いささか自信がなく，他部門との実際の協働の仕方，経営への積極的な関わり（いわゆる経営法務としての機能）について悩む毎日である。ともすれば，法務部門のOKを得ていないと後が面倒であるといった消極的な動機で相談がなされることがないだろうか。

◇◇◇◇◇ **Column** ◇◇◇◇◇◇◇◇◇◇◇◇◇◇◇◇◇◇◇◇◇◇◇◇◇◇◇

　法務部門としては，「リーガルリスクがあるからやめるべきである」というのは簡単である。リーガルリスクを分析した上で，そのリスクを回避するための具体策（解）を事業部門に提案することが法務部門の役割である。そうでなければ事業部門の人間にとって，法務部門は煙たい存在でしかなく，また法務部門との関わりは，「法務に相談したから」という言い訳（リスクヘッジ）でしかない。

　しかしながら，リーガルリスクにどのように対応するかは，実際には困難なことがある。たとえば，会社法では一定の場合に公告をしなければならず，公告をしなかった場合には100万円以下の過料に処せられる（会社法976条）が，従来は上場していない子会社の決算公

告（同法440条）を省略する企業は多かった。過料は行政処分であり，刑罰ではないからである（実際に公告をしなかったことにより過料に処せられた例はないに等しい）。また，会社法で手当がなされたため法的問題はなくなったが，従来はどの企業も主要でない子会社については，取締役会，株主総会をペーパーで開催していた。このことは当時は法律違反（商法会社編）であった。

コンプライアンスの概念が確立した現在では，この公告のような問題は（法律の規定がある以上），きちんと実施すべしといえば法務部門としても済むが（所詮，手間と費用の問題にすぎない），もう少しセンシティブな問題もある。法律違反であるが，それを回避する方法が見つからない場合である。

アジアにおいて，他社とアライアンスを組む場合，事前に企業結合申請を要求されることがある。進出する（合弁会社設立等）当事国への申請は当然であるとしても，たとえば中国での企業結合について韓国へ，また韓国での企業結合について中国へ，事前に企業結合申請をすることが必要となる場合がある。当該国に自社の子会社や支社がない場合でも要求されるのである。この事前申請をしなかった場合も，やはり過料や氏名（社名公表）といったペナルティはあるが，事前申請をすることがスケジュール等の点で事業に大きな影響を与えるような場合はどうであろう。法務部門としてはやはり法令違反であることを指摘して，届出をさせるべきであろうが。

この他にも，中国の場合，形式上は法令違反となるが，現時点においては，その法令は実際には発動されておらず，さらに地方政府は法令に形式的に反することを問題としていない（是認している）といったこともある。このような場合に，リーガルリスクについて，実際はどうなのかと事業部門から聞かれても答えに窮してしまう。実現可能性が低いとしても，あくまでも法令違反であるからだ。

Ⅲ 法務部門の立ち位置
──理想は「強い法務」

▶1 位置づけ（立ち位置）

　法務部門の最大の役割は，リーガルリスク対応（リーガルリスクコントロール）である。そのための法務部門の位置づけであるが，「どのようなタイミングで社内の経営意思決定（政策や計画の策定）に参加して行くべきか，他部門の活動に対する法務部門のチェック機能をどの程度まで，どのような方針で認めるか」は各社それぞれであり，確立した基準はない（高石義一・前掲「法務問題の現在と将来」23頁）。

　一方法務部門は，経営に対して「強い法務」であるべきであり，またそれゆえ経営からの信頼を勝ち得なければならないという意見がある。リーガルリスク回避の観点からも，法務部門は企業の経営方針・事業計画の策定に際して他の関連部門とともに積極的に参画し，これらの決定にかかわることが望ましい。

　ところで，オリンパスは，平成23年10月に明らかとなった，同社のいわゆる損失隠し事件に対応するため，弁護士5名および公認会計士1名からなる調査委員会（以下「第三者委員会」）を設置したが，その第三者委員会の調査報告書（http://www.olympus.co.jp/jp/info/2011b/if111206corpj_6.pdf）において，オリンパス法務部の対応について指摘がなされている（同報告書158頁「4監査役会による本件事案にかかる監督の実質とその評価 (3)監査役会による本件事案にかかる監督の評価 ア監査役会の本件事案における対応の問題」）。すなわち，オリンパスが行った国内3社および英国会社の買収について，法務部が主導して買収監査が行われ

るべきであったのが，まったく実施されていなかったというのである。

　同報告書は，買収にあたり取り交わされた契約書について，法務部は締結前にその内容を十分に検討すべきであったが，検討しておらず，法務部の対応に問題があったと指摘する[*1]。しかしながらオリンパスの場合，法務部が適正な対応をとらなかったのではなく，むしろ当時の経営陣が違法行為発覚を恐れ，リーガルリスク自体を隠蔽するために，意図的に法務部を排除したのではないだろうか。また，そこまでいかなくとも経営にままありがちな，法務部門を経営の意思決定から外すことがあったのかもしれない[*2]。

　法務部門として，経営がコンプライアンスに反する行動をとった場合はどのように対処すべきだろうか。このリーガルリスクに関しては，企業内における法務部門のあり方自体が問題となるかもしれない。今後は，「経営に刺さり込む」法務の姿勢が必要となるのではないか。

▶2　完全なる法規部

　大矢息生元弁護士は，次の五つの要件を備えた法務部門を「完全なる会社法規部」と呼ばれている（大矢息生＝村山恭二＝竹内規浩『企業法務全集8 リーガルリスク・マネジメントと戦略法務』（税務経理協会，1998）118頁〜）。

①　企業経営上のあらゆる法律事務の一元的・集中的処理

　「法的危険が具体的に発生したとき，その事故が発生したそれぞれの部署の担当者（または担当責任者）が，その事故処理を」するのは，「非科学的，非合理的」である[*3]からである（大矢息生『アメリカ会社法規部論』（成文堂，1997年）38頁）。

②　予防法務的かつ戦略的法務的処理

③　法務専門のサービス部署

④　法律専門家の集団

⑤　法規部長が取締役会・常務会の構成員

　そして，このような「完全なる会社法規部による企業防衛意識が企業に欠けていたばかりに大きなアクシデントに巻き込まれ，マスコミに大きく報道され，企業および企業経営者の法律的あるいは社会的，道義的責任が追及され，経営者の交代を余儀なくされた事件は後を絶たない」といわれる。そして，いわゆる大企業で比較的最近（当時）新設された法務部の部長であるＫ氏が，リクルート事件に関して「問題は，法務部の存否にあるのではなく，高度な企業戦略に関する意思決定がおそらく法務部（法務担当者）が関知しないところでなされていたのではないか」と述べたことに対して，「法規部が関知しないで高度な企業戦略に関する政策決定が行われている場合，その法規部そのものに問題があって，そのような法規部は不完全な法規部であるとして再反論しておきたい」という（大矢息生＝村山恭二＝竹内規浩『企業法務全集８　リーガルリスク・マネジメントと戦略法務』（税務経理協会，1998年）116頁～）。

▶3　法務部員の心構え

　元日本アイ・ビー・エムの常務取締役（法務統括）弁護士の高石義一氏は法務部門長の心構えとして，次のように述べられている。「企業法務部門も他部門と同様，きれいごとだけでは済まされない側面がある。あらゆる角度から考えても適法な代替案がでない案件，いいかえると絶対的に違法性を含んだ法律案件もある。かかる案件が会社全体の重要方針や主要依頼部門の目標達成等に関係する重大な法律案件である場合には，『ノー』という法律意見を出し，企業トップや部門長を説得することは容易なことではない。仮に，『ノー』という意見を出したとしても，その法律案件が重大であれば，依頼部門の長あるいはトップ・マネージ

メントでさえ，法務の意見を無視して，問題の計画を実施に移そうとするかもしれないのである。このような事態に至ったときの最終方向決定は社長がその責任において行うことになるが，そこに至るまでに法務部門——特に法務部門の長——がどのように行動するかで，その真価は決まって来る。このような重大問題に対し『ノー』という意見を出す場合には，徹底した法的検討および関係者との議論を尽くした上でなければならないが，それでも法的に支持し得ない場合には，確固たるポジションを採る勇気と覚悟が，常に，法務部門の長にはできていなければならない。その場合，法務部門の長は自己の将来を犠牲にし，退社さえ覚悟しなければならないかも知れないのである。このような事態は滅多に生ずるものではないし，通常，企業経営者の良識がそれ以前に問題を解決すると思う。しかし，このような緊張した事態が明日生じないという保障はない。」（高石義一「危機に堪えうる法務を」ジュリスト857号（1986年）45頁）。

私も30代初めの頃，尊敬する商社の法務部長から「会社が違法なことをしようとするときは，法務マンとしてはクビをかけても反対しなければならない。」と教えられ，不十分ではあろうが，その後はいつもこのことを心に留めながら法務マンとして過ごしている[*4]。

＊1　第三者委員会調査報告書では，「4監査役会による本件事案にかかる監督の実質とその評価 (3)監査役会による本件事案にかかる監督の評価 ア監査役会の本件事案における対応の問題」の項において，次のとおり指摘する。
　「(ケ)監査役会としては，社外の意見を求めるほか，あずさ監査法人の指摘する点について，社内法務部に対してオリンパスの業務執行行為の適法性や締結された契約内容の妥当性について検証を求め，あるいは社内法務部と意見交換するという対応をすることも考えられるが，このような対応もしていない。
　オリンパスの社内法務部の業務内容には，業務執行行為の適用性の検討や契約書の内容検討もあるのに，このような社内の組織と監

査役との連動が全く見られないことからしても，監査役会としての調査・検討が不十分なものと評価せざるを得ない。
㈰本件国内3社及びジャイラスの買収に当たっては，オリンパス法務部が主導して買収監査が行われるべきであるが，これが全く実施されなかった。買収に当たり取り交わされた契約書（ジャイラスの買収に際してFAとの間で締結されたものを含む。）については，その締結前に，オリンパスの社内法務部が，本件国内3社及びジャイラスの買収を主導したオリンパスの社内部署から独立した立場で，その内容を十分に検討すべきであるが，そのような検討がされたこともなかった。したがって本件国内3社及びジャイラスの買収に関するオリンパス監査役会の対応の問題点と並び，オリンパスの社内法務部の対応についても問題があったといわざるを得ない。」

＊2　オリンパスの現社員である浜田正晴氏は，内部通報をきっかけに不利益処分を受けたとしてオリンパス社等に対し現在損害賠償請求訴訟を提起している（2011年（平成23年）8月31日に東京高裁にて原告勝訴。被告オリンパス社等は上告中）。同氏の著作『オリンパスの闇と戦い続けて』（光文社，2012）によれば，浜田氏が第一審の東京地方裁判所へ訴えを提起した当時の法務部長が，その後総務人事本部長に昇進し，東京高裁で浜田氏勝訴後も同職に在職するとともに，オリンパス社等は二審判決を不服とし，すぐさま最高裁判所に上告している。その後2012年（平成24年）1月12日に，東京弁護士会が浜田氏に対する重大な人権侵害があったとして，オリンパス社に対し警告処分を出したにもかかわらず，裁判は継続中である。これらからすれば，第三者委員会が損失隠し事件に対する法務部門の対応を批判したことに納得せざるをえないかもしれない（同書149頁，226頁参照）。

＊3　「例えば，売掛金の回収は原則として営業部・販売部が担当し，それが焦げ付いた段階で，経理課・審査課や管理課が残務処理を行い，どうにもならないと判断したときに社外の弁護士に依頼して訴訟に持ち込んでいるケースが多い。また，従業員の不正行為の処理については，人事課，社員教育については，教育課，労働組合対策については労務課で処理する。特許や商標関係の管理や紛争については総務課，

特許課，企画課あるいは研究所，合併，業務提携，企業買収等は企画室，社長室等で，それぞれの権限の範囲で非科学的な治療法学的な考え方で処理されている」（大矢息生・前掲『アメリカ会社法規部論』40頁）。

＊4　高石義一弁護士は，また「法務部門の長もこのような（ノーと言わざるを得ない）緊急事態を発生させないような環境作り，たとえば社内法律教育の徹底，企業トップや他部門の長との人間的信頼関係の樹立等，に平素から努力することが非常に重要である。」といわれる（同論文。（　）内著者補足）。

◇◇◇◇ **Column** ◇◇◇◇◇◇◇◇◇◇◇◇◇◇◇◇◇◇◇◇◇◇◇◇◇◇◇◇◇◇◇◇◇◇◇◇◇

　これまで自分はどうだったろうか。前述のとおり，企業法務を始めた当初から，「違法な経営判断に対しては，法務として退職を覚悟してでも反対すべきだ」と心に留めながら法務業務をしてはいたが，B社とN社において，法務として納得できない出来事があった。
　B社は，人事制度上パート社員には年次有給休暇はない[＊5]としていたが，その対応は労働基準法に明らかに反しており，社長に対してパート社員にも有給休暇を付与すべきであると進言した（その他にも，直接私の耳に入ってこなかったため，対応できなかったが，パート社員は例外なく社会保険の対象としない扱いをしているとの噂もあった）。またN社では新規薬局出店会議において，病院の門前にある既存の飲食店（そば屋）を買収したうえで，薬局用に大規模改築をして新規に薬局を開店しようとした案件について，当該改築工事は建築基準法6条の建築確認の対象であり，確認申請をする必要があるのではないかと意見具申した。両方とも，当方の意見に対する表立った反対はなかったが，意見は無視をされたようで指摘した点が改善された気配はなかった。
　これらの進言は実際はどういう効果があっただろうか。今から思うと，私の行動はとりあえず違法行為を指摘しただけにすぎない。違法行為を積極的に是正するという強い意志があったかは正直疑問である。転職してきたばかりという遠慮もあったのかもしれない。これらの進言（直言）により，ただちに退職に追い込まれたわけではないが，最

終的にB社，N社を辞めることとなったことと無関係とはいえないと思う。高石氏のいわれた「緊急事態を発生させないような環境作り」について行動しなかったことが悔やまれる。

◇◇

＊5　パート社員（パートタイム労働者）であっても雇入れの日から6か月を経過した場合には，一定の年次有給休暇が与えられる（労働基準法39条3項，労働基準法施行規則24条の3）。B社は年次有給休暇は正社員だけが対象であると社内で公言し（就業規則にも定めていた），労働基準法を知ってこれに異を唱えたパート社員に対しては，「特別に」有給休暇を与えていたと聞いている。

　大矢氏の論じた「完全なる会社法規部論」はもちろん一般論として正しいと思うし，理想の法務部門であると思うが，実際はどうだろうか。法務部門が関知しないところで経営の意思決定がなされた場合は，常に不完全な法務部門であり，いわば欠陥部門であるとでもいわれるのはいかがなものであろうか。残念ながら筆者は「完全なる法規部」に所属したことがない。S社を退社後は，主に法務部門を新設する会社に転職してきたからである。私としては，むしろ前述の新設法務部のK部長の思い（36頁）に共感を抱いてしまう。

　S社在籍の最後の時期（1998～1999年）に，銀行団に対してS社の子会社に対する債権放棄を求める交渉（私的整理）を行った。この時は，現実家でかつ有能な経営企画室長が，全社横断でプロジェクトチーム（「経営改革プロジェクト」と称された）を社長直下に結成し，私は経営改革プロジェクトの法務担当として招聘された。

　銀行団との債権放棄交渉（17行合計2000億円超）が無事成功するまでの1年間，経営改革プロジェクトの存在および内容について，法務部には一切知らされず，私は法務部員であったものの，上司である法務部長にさえ具体的な業務内容を報告をしてはならないとされており，法務部

門への情報は遮断されていた。法務部のメンバーは私が何をしているかぐらいは知らされていたが，時折法務部のフロアーに顔を出すと，他部門の社員から，最近まったく姿を見なかったので，私は退職したと思っていたと驚かれたものである。1999年に銀行団との債権放棄交渉が成功し，弁護士団に対する感謝のパーティーを行った。その席に私はプロジェクトチームのメンバーとして出席したが，法務部長以下，法務部員の出席はなかった。

　その後2000年にＳ社が世界最大の流通業者の傘下に入ることが決定した際は，私を含め法務部員は誰一人この案件に関与していなかった（どこの法律事務所に依頼したのかも不明であった）。Ｓ社の場合，上場企業であり30年以上の歴史のある法務部門であったが，法務部門が関知しないところで２度も経営の意思決定がなされたのである。しかしながら，当時のＳ社の法務部門が不完全な法規部であったとは思わないし，思いたくもない。

第3章

企業法務の概要

I　企業法務の内容

企業法務（業務）は，視点によっていくつかの区分に分類することができる。

▶1　対象面から見た分類

企業法務を対象の面から見た場合，次のとおりに分類することができる（大矢息生『企業法務全集１　企業法務総論』（税務経理協会，1996年）10頁参照）。

① 組織法務

　組織に関わる法務業務をいい，会社法に関する法務上の業務がその代表である。

② 取引法務

　企業の業種により内容は異なるが，企業の取引に関わるすべての取引上の法律上の業務であり，商法第２編商行為（商法501条以下）およびその特別法等に規定するところである。

③ 国内法務

　日本国内の企業間での企業法務をいう。

④ 国際法務

　主として国際取引上の企業法務をいう。

▶2　法律面から見た分類

企業法務を法律の観点から見た場合，たとえば次のような分類が可能である。

① 会社法務

会社法により株式会社等に処理すべきことが要求されている法律事務

② 金融商品取引法関係法務

金融商品取引法により株式会社に処理すべきことが要求されている法律事務

③ 労務関係法務

・労働条件の設定・採用・解雇・懲戒

・労働組合交渉

・労働事件

・労災事件

④ 税法関係法務

⑤ 業法関係法務

・営業許可申請

・行政不服申立

⑥ 知的財産権関係法務

・知的財産権調査

・知的財産権登録申請

・知的財産権管理：ライセンス契約・侵害排除

⑦ 不正競争防止法関係法務

⑧ 独占禁止法関係法務

⑨ 製造物責任法関係法務

⑩ 倒産関係法務

⑪ 環境法関係法務

⑫ 消費者保護法関係法務

⑬ 国際関係法務

⑭ 刑事法関係法務

（上谷佳宏編著『実践ビジネス法務』（関西学院大学出版会，2007年）第1章

企業法務概観・知的財産関係法概観（41頁〜））。

▶3　機能面からの分類

　機能面から見た場合，一般に企業法務は，大きく，①臨床法務，②予防法務，③戦略法務，④経営法務の四つに分けられることが多い。
　①　臨床法務
　臨床法務は，病気の患者を診る臨床医のように，個別具体的な病理現象（トラブル）が企業内に発生した場合，これに法的に対処し，解決をする業務である。企業活動において発生した法的紛争，法律違反事件，各種訴訟，クレームへの対応・解決や債権回収などがこれに該当する。
　②　予防法務
　予防法務は，①で述べた病理現象発生のリスクをあらかじめ回避（予防）するための業務であり，法令違反を防ぐことや適切なリスク管理をふまえた契約の作成や法律相談等を実施するとともに，社内に法遵守の教育・徹底をしていくこと等である。リーガル・リスク対応そのものともいえる。
　③　戦略法務
　戦略法務は，企業活動の目的遂行のために，法務部門が自らの創意・工夫をもとに個々の取引や企業の経営判断に際して新たな価値を創造するための提案をしていく，すなわち戦略部門としての機能を担うことである。「企業経営者が開催する政府規制，取締役法規の立法，企業買収・合併（M&A），新製品の開発，消費者運動対策，その他重大事項についての取締役会，常務会，経営委員会や株主総会その他の各種委員会に出席し，経営戦略に参画し，法律的分析や調査を通じて，経営上もっとも有利な意思決定の方法を企業経営者に助言すること」である（大矢息生・前掲『企業法務全集1　企業法務総論』41頁）。

事業の再編に際し，どのようなスキームが最善・最適であるかを，会社法制上の手続や税制・会計上の考慮も踏まえて策定すること等がこれに当たる。

④ **経営法務**

経営法務とは，株主・債権者・地域社会・ユーザーなどの企業をとりまくステークホルダーの利益を考慮しながら，会社として何が合理的で適切なのかを評価・指導していくことである。経営サポート法務ということもある[*1]。

> *1 「経営サポート法務（あるいは意思決定法務，企画法務，提言法務ないし提案法務）とは，企業経営上の重要な意思決定における立案・審議（経営政策や経営意思決定や重要な事業計画の立案・審議）に参加し，企業の意思形成過程に関わる法律業務」である。具体例としては，「法務スタッフや弁護士（社外役員や顧問弁護士あるいは契約法律事務所の担当弁護士等）」が経営の企画・立案に参画し，経営上の意思決定に参画して意見を提供し，法務上の知見を経営政策に反映させること」である（畑中鐵丸『企業法務バイブル』（弘文堂，2011年）65頁）。戦略法務・経営法務は重なり合う部分も多く，予防法務の発展系と理解すればよいと思う。

II 具体的な企業法務の業務

企業法務はIのような観点で分類することができるが，具体的な業務としては，次のような法務業務が挙げられる。

▶1 契約関連業務

企業取引における法的助言，契約書の作成・審査，契約交渉のサポート（場合によっては参加）等である。

ア 契約作成・審査業務に必要な能力（リスク管理能力）

企業法務において契約関連業務はかなりのウエイトを占める。業務の過半数を占めることもある。売買契約，賃貸借契約，請負契約，寄託契約（倉庫寄託契約）等の典型契約の他，M&A業務についても株式譲渡契約，合併・分割契約，事業譲渡契約等の契約業務が基本となるし，また業務委託契約，人事労務契約，リース契約等種々の契約がある。これらの契約業務をこなすためには民・商法の実体法はもとより，特別法・業法をはじめとする幅広い法律の理解が必要となる。企業の規模が大きくなるほど，また業種によっては，種々の複雑な契約に取り組むこととなる。

企業法務では，これらの契約上の自社の義務を把握し，さまざまなリスクを認識し，管理する能力が要求される。また，大多数の契約は法務部門単独で行うわけではなく，各担当部門（営業等）が主管となり，法務部門は契約業務をサポートする役割を担うこともある。

相手方と契約交渉をする場合，交渉業務は通常は担当部門（担当営

業）が行うことが多いが，難易度の高い契約（ハードネゴが必要な場合等）の場合，法務部員が直接契約交渉に当たることも多い。前述のとおりD社は，契約・取引の交渉の際，法務部員が同行することを原則としていた。また私が転職活動中に面接を受けた会社の一つは，法務部員に営業同行すること（交渉機能）を強く希望していた。その会社は，法務部員の採用というよりも，「法律をよくわかった営業マン」を希望しているように思えたので，入社はお断りした（すべての案件に営業と同行することを望んでいた）。

　ところで，法務部員が契約交渉の場に参加することは，日本ではまだまだ一般的ではなく，契約交渉が難航した際の法務 to 法務の契約交渉であることが一般的である（外国企業の場合は，ロイヤー（社内弁護士）が最初から契約交渉に同席するのが通常であるが，日本ではせいぜい法務部員が同席するかどうかである。企業によっては代理人弁護士が契約交渉に当たることもあるようだが，筆者は相手方弁護士と契約交渉した経験はない）。なお，法務部員が契約交渉を行う場合でも，事業部門・経営企画室等の現場の人間も同席させるべきである。法務 to 法務の交渉の場合，互いに主張する論点（条項）を互譲することとなるわけであり，損害賠償については飲む（限度額を設ける，または負担するのは直接損害に留める等という線引きもある）が，その代わり瑕疵担保責任は長期（たとえば2年）にしてほしいといった具合である。そのような交渉において，自社が死守する点はどこかの判断が必要となり，その場合，現場（経営企画室，事業部，営業部）の判断が重要となるからである。

◇◇◇◇ **Column** ◇◇◇◇◇◇◇◇◇◇◇◇◇◇◇◇◇◇◇◇◇◇◇◇◇◇◇◇◇◇

　D社は当時インターネットのポータルサイトを運営しており，コンテンツの一つに最新ニュースの配信があった。現在では珍しくもないが，当時は最新ニュースの配信はコンテンツの目玉の一つであった。新年度にサイトデザインを一新すると同時に新たなニュース配信機能

をもたせることとなり，もととなるニュースを提供してもらうために某通信社と契約交渉を始めた。しかしながら，双方の条件が合意に至らず，営業同士の話し合いで，とりあえず4月1日からニュース配信をスタートして，契約条件は継続交渉することとなった。

　ところが，配信開始の前日（3月31日）にアメリカの大株主の法務責任者から，通信社と契約書を締結しなければ翌日からのニュース配信をストップしろとの指示が出されたため，営業と共に大慌てで通信社へ駆け込んだ。渋る通信社の法務部マネジャーをつかまえ，数時間の契約交渉の末，契約案の合意ができ，その日の夕方までに契約書を締結して，ぎりぎりで翌日からの最新ニュース配信をスタートすることができた。

　日本企業の間では，契約条件未確定のまま取引がスタートし，事後に契約書が締結されることがまあまああるが，アメリカ企業においては契約を締結せずに取引を開始することなどありえないということである。ところで日常の契約交渉において，互いの条件が合意に至るまでに長時間を要することがある。その理由の一つとして，「この条件では自社の法務からOKが出ない。」といったことが結構多い。もちろん，案件によっては法務のOKをエクスキューズとしていることもあるが，そのような場合には，直接法務 to 法務で契約交渉をした方がよいこともある。

◇◇

イ　契約締結時の留意事項

　契約書を作成する大きな目的の一つに，リスクの最小化と自社にとって有利な条項の採用が挙げられる。リスクの最小化として，将来発生が想定されるクレーム，トラブル，紛争等を事前に想定・分析した上で，それらに対応（回避）するために，発生時の責任・費用分担，処理方法などをあらかじめ規定しておき，また，自社にとって有利な条件を特約の形で盛り込むのである（このような条項を，便宜上「リスク管理条項」という）。

　リスク管理条項として次のようなものがあるが，自社がどちらの立場に立つか（売買契約であれば売主か，買主か）によって異なることとなる。相手方との力関係による場合が多いが，なるべく自社に有利（リスクが少ない）になるよう交渉する必要がある。

(1) 債務履行関連

① 売買代金支払時期

売主となる場合は，代金の先払いを，また買主となる場合は後払いの条項を定める。

② 損害賠償の限度額

売買契約における納期遅延・不良品納入，業務委託契約における過失を原因とする損害賠償，契約に基づく損害賠償の限度額として，売買代金，受託金額等を上限とする等の条項を入れることが，損害賠償責任のリスクを軽減するために望ましい。

③ 所有権留保特約

「売買代金完済まで商品等の所有権は移転しない」旨の特約であり，非典型担保の一種である。売買代金未払いの間に買主が倒産状態に陥った場合，売主はこの特約に基づき自己の所有権を主張して目的物の返還（引渡し）を買主に主張できる。なお所有権留保特約を付すことができる場合は，売主が強い立場にある場合である。

④ 遅延損害金条項

遅延損害金の利率は，民事利率は年5％（民法419条1項・404条），商事利率は年6％（民法419条1項，商法514条）であるが，遅延損害金の率を高く（たとえば年20〜30％。損害金の利息に利息制限法の適用はない）することにより，相手方は自社の債務を優先的に払うこととなる場合もある。

(2) 取引先の信用不安・倒産対応

① 期限の利益喪失条項

民法上の期限の利益喪失条項は，債務者が「(a)破産手続開始の決定を受けたとき，(b)担保を滅失させ，損傷させ，又は減少させたとき，(c)担保を供する義務を負う場合において，これを供しないとき」に限られて

おり(民法137条),取引先が一般的な信用不安状態に陥ったときに対処できないので,次のような期限の利益喪失条項を設けておく。この期限の利益喪失条項は,迅速な債権回収のために必ず入れておくべき条項である。

> 乙が次の各号に該当した場合,甲からの何らの通知・催告なしに,乙は本契約に基づく一切の債務について,期限の利益を喪失する。
> ① 差押・仮差押・仮処分・競売の申立又は租税公課の滞納督促若しくは保全差押を受けたとき
> ② 支払停止があったとき又は破産・民事再生・会社更生等の手続開始の申立があったとき
> ③ 手形交換所から不渡り報告又は取引停止処分を受けたとき
> ④ 監督官庁から営業の取消・停止等の命令を受けたとき
> ⑤ 財産状態が著しく悪化するなど本契約の履行が困難であると認められるとき

② **相殺条項**

相殺は,債権回収手段として,最も簡便かつ確実な方法であり,相手会社の製品等を新たに買い取る等して,相殺財源(反対債務)を作り相殺に持ち込むこともできる。民法上は相殺適状(4要件((a)「相対立する債権の存在」,(b)「両債務が同種の目的を有すること」,(c)「両債務が弁済期にあること」,(d)「両債務が性質上相殺を許さないものでないこと」)(民法505条1項))を満たした上で,相殺の意思表示(確定日附付証書,通知・承諾が望ましい)をしなければならないが,相殺適状になくても相殺できるよう,次のような相殺(予約)条項を入れておくと有利である。

> 甲が乙に対し債務を負担しているときは,甲は乙に対する債権の弁済期が到来すると否とを問わず,その債権と甲が乙に対し負担する債務とを,その対当額につき,相殺することができる。

③ (追加) 担保提供条項

担保割れや信用低下を招いた場合に，取引先に追加担保を提供する義務を負わせる。ただし，取引先の財務状況が危機的状況になってから本条項に基づき担保提供を取引先に求めても，実効性のある担保をとることはできない。担保が得られても，後に破産管財人等に否認されることもある。日頃から，取引先の経営状況をチェックし，なるべく早い段階で本条項に基づいて担保の提供を受けるようにすることが肝要である。

④ 公正証書作成義務条項

執行証書（強制執行認諾文言のある公正証書。民事執行法22条5号）を作成することができれば，いざというときに簡易・迅速な債権回収（強制執行）が可能である。始めから執行証書（公正証書）を作成することはまれであり，緊急時に備えて，たとえば売主（売買契約の場合）が要求した場合には，買主はいつでも，執行証書（公正証書）を作成する旨，買主に約束させておく。

(3) 不可抗力条項

大地震による賃貸借建物の消滅，落雷による火災での商品滅失等の天災地変等の不可抗力の場合の扱いを定めておく。不可抗力とは，外部から発生した事故で，取引上あるいは社会通念上，普通に要求される程度の注意や予防方法を講じても，なお防止できないものであり，天災地変，戦争，暴動，内乱，争議行為（ストライキ等）などがこれに当たる。

民法では，不可抗力により発生した損害については，債務者に過失なしとされ原則として損害賠償責任を免れるが，何が不可抗力であるか不分明であるので，契約書で不可抗力事由を明記した上で，損害については責任を負わない旨と，不可抗力事由が長期間継続した場合に解除できる旨を規定しておく。

(4) 瑕疵担保責任条項

　瑕疵担保責任について，商法では「売買の目的物の引渡し時より6ヶ月（商法526条2項），民法では「買主がその事実を知ったときより1年間」（民法570条）であるが，契約書で，買主が強い場合は，瑕疵担保責任期間を法定期間より長くしたり，また売主が強い場合には，瑕疵担保責任を一切負わない旨（瑕疵担保免責特約）を明記する。

(5) 危険負担条項

　危険負担条項は任意規定と解されているので，なるべく自己に有利な時期に危険が移転する旨規定する（民法534条・536条参照）。たとえば，買主が強い場合は，代金完済後に危険負担が買主に移転するとし，売主が強い場合には，契約締結後に危険負担が買主に移転するとする。重要な取引では，危険負担について契約書に定めることが多く，不動産売買契約の場合は，引渡しによって危険が移転する旨の特約が定められるのが通例である。

(6) 無催告解除条項

　民法上の解除事由は，債務者が履行遅滞・履行不能に陥った場合に限定される（民法416条1項）。したがって，次のように自社に有利な解除事由を盛り込む。

> 　次のいずれかに相手方が該当した場合は，無催告で解除することができる
> 　①差押・仮差押・仮処分・競売の申立又は租税公課の滞納督促若しくは保全差押を受けたとき　②支払停止があったとき又は破産・民事再生・会社更生等の手続開始の申立があったとき　③手形交換

> 所から不渡り報告又は取引停止処分を受けたとき　④監督官庁から営業の取消，停止等の命令を受けたとき　⑤財産状態が著しく悪化するなど本契約の履行が困難であると認められるとき

　この条項は，売買の目的物の所有権の取戻しや，継続的商品供給義務を免れる等のメリットがある。

(7) 中途解約条項

　継続的契約の場合は，「予め予告期間を設けたうえで，期間満了前に解約できる」とする中途解約条項を設けることができれば有利である。長期の継続的契約の場合，実際には正当事由がないと解約できないことが多いが，中途解約条項を設けることができれば，少なくとも交渉上有利である。

ウ　印紙税

　契約書に関して，「課税文書」（印紙税法別表第1の課税物件表（以下「課税物件表」という）に定める印紙税が課される文書），「非課税文書」（課税物件表に掲げられている文書で，一定の要件に該当する文書）および「不課税文書」（課税文書でもなく，非課税文書でもない文書）のいずれに当たるかの判断と，また課税文書である場合は，具体的な印紙税額の判断が重要である。しかしながら，契約書について印紙税を理解していない担当者は多く，「とりあえず200円貼っておけばよい。」という発想の担当者が意外に多い。

　課税文書に対し，①印紙税を納めない場合，②本来納税すべき額よりも低い印紙を貼付した場合，③収入印紙に所定の方法で消印をしなかった場合（消印により，初めて印紙税が納付されたことになる）には，3倍（自主的に申し出たときは1.1倍）の過怠税が課されることに注意しなけれ

ばならない（印紙税法20条1項・2項。なお，契約書に印紙を貼らなくても，契約書の効力に影響はない）。

　課税文書は，1号文書から20号文書までの20種類しかなく，しかも契約書は，そのうちの6種類でしかない。

① 1号文書「不動産，鉱業権，無体財産権，船舶若しくは航空機又は営業の譲渡に関する契約書」
② 2号文書「請負に関する契約書」
③ 5号文書「合併契約書又は吸収分割契約書若しくは新設分割契約書」
④ 7号文書「継続的取引の基本となる契約書」
⑤ 13号文書「債務の保証に関する契約書」
⑥ 15号文書「債権譲渡又は債務引受け関する契約書」（課税物件表）

　企業法務（契約業務）において，印紙税に関する最低限の知識は必須である。なお，印紙税の最低限の理解には，国税庁が発行する「印紙税の手引き」(http://www.nta.go.jp/shiraberu/ippanjoho/pamph/inshi/tebiki/01.htm) がおすすめである（以上，契約関連業務に関する詳細については拙著『契約業務の実用知識』（商事法務，2010年）参照）。

◇◇◇◇ **Column** ◇◇◇◇◇◇◇◇◇◇◇◇◇◇◇◇◇◇◇◇◇◇◇◇◇◇

　俗にITバブルと呼ばれた2000年前後だろうか，企業においてインターネット（社内LAN）とPCの導入が急速に進み，メールで文書のやりとりをするのが通例となった。契約業務もご多分に漏れず，各部門からの契約審査・作成業務の依頼も，メールで行われるようになった。それまでは，各部門から法務へ契約審査を依頼する場合，直接面談をして契約の「背景・趣旨・目的」等をしっかりとヒアリングしたうえで，契約審査に臨んでいた。また依頼部門の方でも，法務へ説明するための準備（資料作成等）をきっちりしてきたものである。それが，メールでの審査依頼になり，各部門から「添付の契約書案を審査してほしい」との一方的なメールが届くようになった。契約業務を簡

単に依頼することができるようになったため（？）か，担当者の契約に対する意識も低下し，相手方から寄越された契約書ドラフトをあまり考えずに法務に転送することも見られるようになってきた。

　契約審査をする法務としては，従来どおりの契約の「背景・趣旨・目的」等を理解した上で契約審査に臨むことを心がけてはいるが，契約審査対象の増加のために，ともすると形式的審査に終わりがちである。また，契約に対する意識が低下している担当者への教育・啓蒙も行わなければならない（担当者の中には，法務から担当者へ宛てた社内向けのコメントをろくに読まずに，また担当者へ宛てた法務の修正履歴を消しもせず，そのまま相手方に流す者もいる）。ITによる業務の効率化と本来あるべき契約業務の進め方の狭間で苦労する毎日である。

▶2　債権管理・与信管理業務および債権回収業務

　企業が他社と取引をすることにより，売掛債権が発生する。この売掛債権（売掛金）を現実に回収して，初めて企業は利益を得られる。そのためには，取引を開始する際に，また取引開始後も継続して取引先の信用状況の調査（与信管理）が必要となる。相手方が倒産状況にある場合，さらに倒産した場合には，迅速な債権回収も必要となる（企業によっては買掛債務の管理・保全も重要な業務となる）。

　債権管理においては担保権の設定を伴う場合も多く，また取引開始に当たっては，契約書を作成し債権保全のための担保条項（所有権留保条項等）や債権回収のために必要となる条項（期限の利益喪失条項等）を設けておかなければならない。債権管理・債権回収業務は契約業務とも関わりが深いのである。その他，取引先が倒産した場合には，破産管財人等との商品返品交渉や買掛債務減額交渉等の業務もある。

ア 債権管理・与信業務

(1) 信用状況の判断

新たな取引先と取引を開始する場合は、一般に、商業登記簿、不動産登記簿、決算書等で信用状況の調査・判断をする。上場会社の場合、金融庁のEDINETで有価証券報告書の電子データのダウンロードや政府刊行物センター等で有価証券報告書の入手ができるが、非上場会社の場合は、相手方から計算書類（貸借対照表、損益計算書等）の謄本を交付してもらう（相手方の株主、債権者である場合は請求可能）。

この他自社による情報収集（同業内での評判、職場の雰囲気等）や外部調査機関（帝国データバンク、リスクモンスター、東京商工リサーチ等の調査会社）による情報を利用して、新規取引先の信用状況を判断する。

(2) 与信業務

(1)で得た情報をもとに、取引先ごとに適切な与信枠（与信限度額。取引先ごとに定める取引の最高額（債権残高））の設定をする（取引先の経営状況の変化に伴い、適宜与信枠を見直さなければならないことは当然である）こととなるが、ここでは、次の点を指摘するにとどめる。

① 契約条件の工夫

「1 イ 契約締結時の留意事項」参照（本書51頁）。

② 担保の取得

取引開始時や新規商品の販売等により売上額の増大が想定される場合等、常に取引に合わせた適切な担保を取得するよう留意したい。（営業）保証金＞定期預金（質権）＞上場有価証券（流動性の高い順）や不動産等、取引の相手方の実情に合わせて有効な担保を設定する。

③ 時効管理・時効中断

売掛債権の適切な時効管理を行い、適宜時効中断手続をしなければな

らない。

イ 債権回収業務

債権回収業務として，取引先の信用不安情報を入手したときや取引先の緊急時の対応を，売買契約を前提に概説する。なお，ここで述べることは，その後取引先が法的整理手続に入った場合，当該行為が否認されることもありうることに注意されたい（結果として否認されたとしても，それまでにできるだけの対応を行うことが必要である）。

(1) 緊急対応

取引先の緊急時（倒産状態）には，まずは次のような対応が必要となる。
① 売却製品の所在把握・確保
② 売り控え・出荷制限　③ 契約条件の確認
④ 債権債務の調査，確認　⑤ 他の債権者の動向調査

(2) 契約条件の変更

取引関係の継続が前提となる場合は，次のような対応が必要となる。
　① 金銭準消費貸借契約への変更
債権債務関係の整理・確定のためであり，時効の延長のために売買契約によって生じた売掛債権を準消費貸借契約に変更する（売掛金債権の消滅時効は2年（民法173条），商事債権は5年（商法522条）であるので準消費貸借として時効期間を10年とする）。
　② 担保の設定・追加
担保（追加担保）提供条項をもとに，新たに連帯保証人の設定，抵当権の設定，譲渡担保契約の締結，質権の設定等を行う。応じない場合は，期限の利益喪失事由となる（民法137条3号）。

③ 支払条件の変更

「現金払い」をサイトの短い「手形払いに変更」し（回収の担保，訴訟手続の容易さ等のため），単名手形を廻り手形（裏書譲渡手形）に変更（裏書人の保証をとるため）する。

④ 強制執行認諾文言付公正証書

公正証書作成義務条項を根拠に（条項がない場合でも同じ），契約書を強制執行認諾文言付公正証書にするよう要求する。

(3) 法的回収手段の実行（取引関係の終了が前提）

① 商品の引揚げ

自社が売主である場合，取引先に売り渡した商品は先方の保管場所（取引先または第三者の倉庫等）にあるのが一般的であり，商品を引き揚げる際には，建造物侵入罪等，刑法に抵触することのないように留意することは当然である。

● 自社商品の所有権移転前

依然として所有権は自社にあるわけで，所有権に基づき製品を引き揚げるわけだが，相手会社の倉庫などに立ち入ることの承諾を得た上で（事業部門の責任者でなくても，警備員・管理人等の現場責任者でもかまわない），自社製品を引き揚げる。このような場合を想定して所有権留保の特約をあらかじめ設定しておくことが望ましい。

● 自社商品の所有権移転後

自社製品であっても，すでに所有権は相手方に移転しているので，製品を引き揚げるには，前提として売買契約を解除して所有権を取り戻すか，また当該製品を改めて買い上げなければならない。他の債権者に商品を買い取られると商品引揚げができなくなるので，迅速に行動する必要がある。また，逆に相手方の商品を買い取り，自社製品の売掛金と相手方の商品に対する買掛債務を相殺することも可能である。

② 相　殺

　相殺は，債権回収手段として，最も簡便かつ確実な方法であり，前述のとおり相手方の製品等を新たに買い取る等して，相殺財源（反対債務）を作り相殺に持ち込みこともある。相殺においては，相殺の要件を満たすことと，相殺の意思表示が必要（確定日附付証書，通知・承諾が望ましい）である。相殺の要件を満たすためには，契約書に期限の利益喪失条項を定め，また相殺（予約）条項を定めておくべきである（前述）。また企業グループ間で，ネッティング（netting）と呼ばれる支払い決済方法をとることも多い。ネッティングとは，「個別の取引ごとには資金の決済を行わず，複数の取引について受取りと支払いを相殺し，差額分を決済すること」（広辞苑第6版）であり，債権回収のためのグループ会社間での協力という一面も持っている。グループ会社間で債権譲渡を行い支払い決済を行うのである。

③ 債権譲渡

　取引先から支払いを受ける変わりに，その取引先が第三者に対して有する債権を譲り受け，第三者から直接支払いを受ける。

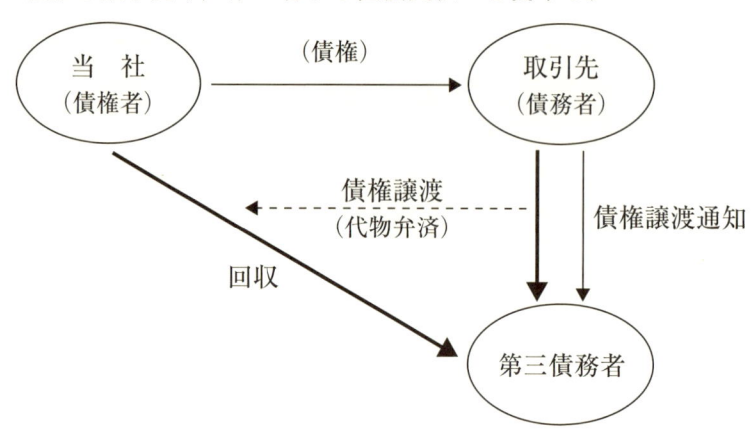

　この場合，譲り受ける債権に譲渡禁止特約が付されていないか確認する必要がある。また急いで債権を回収する場合には，まず第三債務者か

ら承諾書を得て，ただちに確定日付を取得する方法もある（債権譲渡通知到達に要する時間を短縮することができる）。

債権譲渡と相殺の組み合わせも一般的である。特にグループ会社間（場合によっては，取引先との間）での債権譲渡後の相殺は多く行われる。

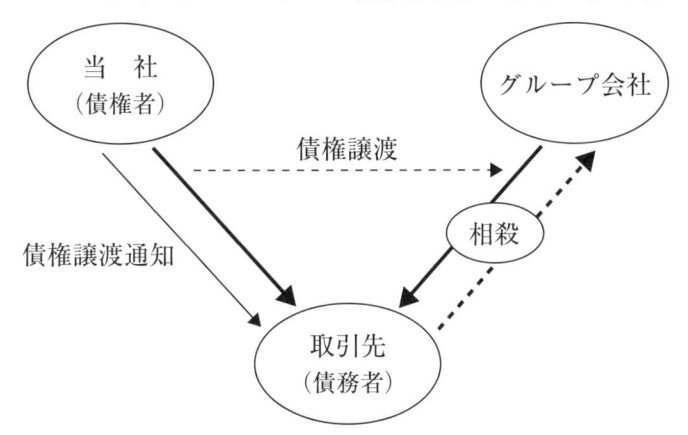

万一債権譲渡後に相手方が破産等の法的手続に移行して，当該債権譲渡が否認されたとしても，グループ会社間であるので債権譲渡契約を解除すればよいだけである。

④ 担保権の実行

すでに設定済みの(a)人的担保（保証），(b)物的担保（抵当・根抵当），(c)譲渡担保の担保権を実行し，また動産売買先取特権等の法定担保権の実行を行う。

ウ 債務管理としての供託

供託とは，一定の財産（金銭，有価証券及びその他の物（供託法1条・5条。供託物という））を供託所または法務大臣の指定する倉庫業者もしくは銀行に提出して管理させ，終局的にその財産を特定の者に取得させることによって，一定の法律上の目的を達成させようとする法律制度である。ここで供託所とは，法務局もしくは地方法務局またはその支局

もしくは法務大臣の指定する出張所のことをいい（供託法1条），供託所に供託物を提出するものを「供託者」，供託をされる相手方すなわち供託所を通じて供託物を受領するものを「被供託者」という（石坂次男著・高橋巌補訂『詳解供託制度〔改訂2版〕』（日本加除出版，1991年）1頁参照）。

　供託物の受入れによって手続上有効に成立した供託関係は，通常，供託物の払渡しによって終了する。この払渡しには「還付」と「取戻し」の2種類がある。「還付」とは，被供託者に対して供託物が払い渡されることであり，「取戻し」とは，供託の目的が錯誤その他の理由により当初から存在しなくなったことや，供託後に供託原因が消滅したことを理由に供託者に供託物が払い戻されることをいう。

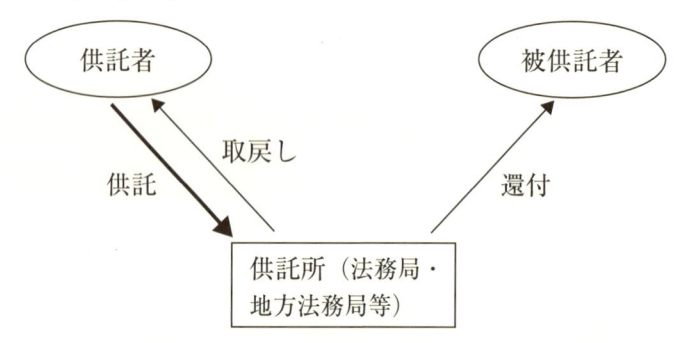

```
        供託者                    被供託者
          ↑↓                      ↑
      供託 取戻し                還付
             ↓
        供託所（法務局・
        地方法務局等）
```

　ところで供託の種類には，(a)弁済のためにする「弁済供託」，(b)裁判上の保証・営業上の保証等，担保のためにする「担保保証供託」，(c)債権に対する強制執行があった場合にする「執行供託」，(d)選挙において泡沫候補の立候補を阻止するための「没収供託」，(e)物の保管のためにする「保管供託」がある。これらの供託の中で，債務管理に関係するのは弁済供託と執行供託である。

① 弁済供託

　弁済供託の例として一般的なのは，地代や家賃等の受領拒否を原因とする弁済供託であるが，企業法務においてはこれらの弁済供託は少ない。

企業法務において，よく用いられるのは，「債権者不確知」を原因とする弁済供託である。

複数の債権譲渡が同時になされ，それぞれの到達時期の前後が不明の場合（いわゆる同時到達。倒産時には四重，五重に債権が譲渡され，しかも同時に到達することもままある）に「債権者不確知」を原因とする弁済供託を行うことができる（民法494条）。また，単独の債権譲渡や複数の債権譲渡で到達の前後が明確な場合（同時でない場合）でも，譲渡禁止特約（同法466条2項）が付されている債権の譲渡の場合は，譲受人が特約について善意であるかどうかが不明であることを理由として債権者不確知を原因とする弁済供託をすることができる。この場合は，「譲渡された債権には譲渡人（取引先）と第三債務者（自社）の間で譲渡禁止特約がなされており，その特約について譲受人が善意であるかどうかが不明である」ことを理由として債権者不確知を原因とする弁済供託を行う。

S社においては，納入業者がS社に対する売掛債権を譲渡した場合，「商品代金債権は譲渡禁止特約付きである。」として，債権者不確知を原因とする供託を即座に行っていた（契約書等がない場合でも，「口頭合意があること，また商慣習であること」を理由として供託申請を行った。契約書等は供託申請に必要な添付書類ではなく，供託官（供託申請を受理する法務事務官）には実質的審査権がない。また供託無効を被供託者が争うことはできないため，いったん受理された供託は有効である）。

このように債権譲渡がされた場合に，企業法務において供託の機会は意外と多い。

　② **執行供託**

仮差押・差押がされた場合に供託をすることができる「権利供託」（民事執行法156条1項，民事保全法50条3項）と仮差押・差押が競合した場合に供託しなければならない「義務供託」（民事執行法156条2項）を，あわせて執行供託という。この執行供託は大企業に特有のものではない。

中小企業においても，社員やパート社員が多重債務者であり，消費者金融等から賃料債権に対する差押えが競合することもある。

③ 混合供託

譲渡禁止特約の付された債権の譲渡について，譲受人が特約について善意であるか悪意であるかが不明であるときは，前述のとおり債権者不確知を原因として供託できる。このような債権譲渡の有効，無効が決せられない債権に対し，譲渡人または譲受人を債務者とする強制執行等による差押えが第三債務者に送達された場合（差押え等の競合も含む），第三債務者は民法494条および民事執行法156条1項または2項を根拠として，同時に供託することができる。これを混合供託という。この場合の差押えは，債権譲渡の効力のいかんによって左右される（債権譲渡が有効であれば差押えは無効（空振り）であり，債権譲渡が無効であれば差押えは有効となる）。

このように供託は，債務管理の一手法として有用である。取引先（債権者）が倒産状態に陥り，複数の債権譲渡通知が同時に到達し，また債権が仮差押えされること（競合する）ことは，実務ではままある。このような場合に，「債権者不確知」を原因とする弁済供託を行い，また執行供託（特に権利供託）を行うことによりトラブルを未然に防ぐこともできる。倒産時には最初に債権譲渡がなされた後，相次いで債権譲渡または差押え等がされることが多く，供託によって債権譲受人・（仮）差押権者との弁済に関するトラブル（誰が真の権利者であり，また誰に対する弁済が有効か）を防ぐことができるからである。

~~~~~~~~ **Column** ~~~~~~~~

S社時代に，土浦にあったS社店舗のテナントが第三者に営業を譲渡（テナント契約上の地位の譲渡）したいとS社に申し入れ，新旧テナントとS社の三者間で協議されたが，三者合意がなされたどうか曖昧なままに，結局当該テナントは退店した（契約上の地位の譲渡に関

する合意書は作成されず，しばらくの間新旧両者で事実上共同経営を行っていたようである）。

　ところが，テナント退店後にテナント契約が承継されたか否かが問題となり，Ｓ社に対する敷金債権が新・旧どちらのテナントに帰属するかで争いが生じた。テナント退店の数日後に旧テナントから新テナントへ敷金債権を譲渡する旨の通知がＳ社に到達し，その数日後に旧テナントの債権者Ａが敷金債権を仮差押え，続いて別の旧テナント債権者Ｂ（元従業員）が差押え，さらに旧テナント債権者Ｃ（元従業員）が差し押さえるという，債権譲渡後がなされた後に，さらに①仮差押命令，②差押命令，③差押命令と差押命令等が競合するという異常な自体となった。

　関係者間でしばらく膠着状態が続いた後，債権者Ａが仮差押命令を差押命令に移行するとともに転付命令を申し立てたため，Ｓ社は急ぎ債権者不確知（民法494条）と差押の競合（民事執行法156条2項）を原因とする混合供託を行った（敷金は譲渡禁止特約付債権）。最後に債権者Ａは転付命令に続けて取立訴訟を提起したため，Ｓ社は第１回口頭弁論期日までに，すでに敷金は供託した旨の答弁書を提出したところ，訴えの利益がなくなったため，原告Ａは訴えを取り下げ，訴訟は無事終結した。

◇◇

　ここでＳ社時代に買掛金の処理として，労働基準監督署を利用させていただいた件を紹介したい。Ｓ社の神奈川県の海岸沿いの某店舗のことである。郊外のスーパーによく見られる光景だが，店頭スペースにファーストフードコーナーが常設してあった。このファーストフードコーナー（焼き鳥，その他）を経営するＮ社とＳ社との契約関係は，消化仕入営業契約という流通業に特殊な形態であった。

　消化仕入営業契約とは，歴史的に百貨店で行われていたいわゆるケース貸しに似た契約型式で，借家権の発生を防ぐためになされる契約である。各テナントの営業主体はあくまでも店舗であり，各テナントで売上げが発生したつど，店舗側がテナントから商品・サービス等を仕入れた

とみなすという契約である。つまり，テナントと店舗間の契約は賃貸借契約ではなく，売買契約（または業務委託契約）であるとするものである（実際に争いが生じた場合は，テナントの借家権が認められることが多いが）。テナントの従業員は店舗社員と同じ制服やバッジを着用することが多く，外観上は店舗の売り場と変わらないことが多い。

消化仕入営業契約では，テナントは，毎日売上金を集計してＳ社の店舗（以下同じ）に報告するとともにＳ社の店舗のレジスターに売上金を納め，店舗は，毎月一定の日（たとえば20日）に前月の売上金合計額から一定歩合（料率）の営業料（売上げの増減に伴って変動する，いわば変動賃料である）と諸経費（光熱費・ロッカー使用料等）を控除した後の残金をテナントに返還するのである。

ところが，Ｎ社は店舗のレジに入れるべき日々の売上金（現金）から適当に現金を抜き出して，店舗には過小な売上額を報告していた。店舗もＮ社の急激な売上減に不審を抱いていたところ，現金を抜き取ることを指示されていたパート社員の店舗への告発により，現金抜取りというＮ社の過小売上げの手口が発覚したのである。店舗はパート社員の告発を元に調査をすすめた結果，Ｎ社の不正行為が明らかとなったので，消化仕入営業契約の解約（約定解除）を行い，強制的にＮ社のフードコートを店舗から撤去させた。

一方Ｎ社は，総数10数名のパート社員の給与および社会保険料も一部未払い・未納であることがわかった。そこで消化仕入営業契約の解約無効を争われないために[*1]，所轄の労働基準監督署にＮ社に給与支払いの勧告を出してもらい（刑罰権の発動を匂わせるかなり強硬な勧告をしてもらった），改めてＮ社と合意解約を結ぶこととした。そして合意解約書（本書70頁）の締結とその履行を無事に完了させるため，労働基準監督署の会議室を利用させてもらった。いわば労働基準監督署を立会人的に利用させてもらったわけである。合意解約締結日当日はＮ社の代表

者はもちろんのこと，在籍していた10数人の元パート社員に労働基準監督署に来てもらい（ほぼ全員が揃ったが，当日来られなかったパート社員には後日銀行振込みで支払った），合意解約書のとおりS社が保留していたN社売上金のうち，元社員に未払給与として支払い，次にS社が行ったN社フードコートの原状回復費用を控除した上で，残額をN社に支払いすべての契約関係が完了した。

　　＊1　前述のとおり，消化仕入営業契約は借地借家法の適用を免れるために考え出された契約形態であり，実際には借家権の成立を裁判で認定されるリスクがある。また，売上げの過少申告というのは脱税の典型的な手口だが，民間企業であるS社には当然強制捜査権はない上に，パート社員からの告発のみという，証拠上の弱さもあった。

合 意 解 約 書

株式会社S（以下「S」という）と株式会社N（以下「N」という）は、本日、以下のとおり合意解約書（以下「本契約」という）を締結した。

第1条
　S及びNは、SN間で締結した昭和63年12月1日付「消化仕入営業契約」（以下「原契約」という）を、本日をもって解約した。

第2条
　S及びNは、原契約に基づき本日現在SがNに対し負担する買掛債務は、金○○○円であることを確認した。

第3条
　S及びNは、第1条の解約に伴い、Nが営業場所に残置した什器・備品等の廃棄費用として、金○○円を買掛債務から相殺控除することに合意した。
2．前項の相殺により、SがNに対し負担する買掛債務の残額は、金○○○円であることをS及びNは確認した。

第4条
　Sは、前条第2項に定める買掛債務金○○○円を、本日下記のとおり支払うものとし、Nは、これをもって同買掛債務の弁済が完了したことを確認した。

記

支払先	支払金額	支払先	支払金額
○○　○	95,615円	○○　○○	109,905円
○○　○○	460,542円	○○　○○	117,695円
○○　○○	257,843円	○○　○○	155,146円　※

N　　　　　　　　　　　　　　　341,587円

第5条
　S及びNは、本契約に定めるほか、SN間には、債権債務は一切存しないことを互いに確認するとともに、後日、相手方に対し名目の如何を問わず何等の請求をなさないことを互いに約した。

（以下省略）

エ　倒産法手続下での債権回収等

債権回収（債権届出）や債務管理（破産管財人等との契約解除，返品・買掛債務減額交渉等）のためには，次に掲げる事項について，一定程度の法律知識が最低限必要である。

(1) 私的整理と法的整理の違い

まずは，私的整理（任意整理）と法的整理の違いをしっかりと認識することが最低限必要である。

(2) 法的整理の特徴

債務者が法的整理に陥った場合の対処として，会社更生，民事再生，破産，特別清算の4種類の法的手続について，最低限，次に掲げる点を理解しておかなければならない。

① 手続の特徴

申立てから開始決定まで，さらに最終的に債権の配当にいたるまでの大まかな手続の進行の流れとスケジュールを理解しておく。

② 否認権の行使

債務者に破産宣告・会社更生・再生手続開始決定が下ると，破産管財人・会社更生管財人・再生監督委員もしくは再生管財人が詐害行為について否認権の行使をすることができる。無用なトラブル，不要な労力の発生を避けるためどのような行為が否認の対象となるかを理解しておく。

③ 相殺禁止

相殺は，簡易・迅速な債権回収方法であるが，債務者が法的手続に入った場合には，禁止されることとなる。どのタイミングで相殺が禁止されるかを理解しておく。

④ 別除権の行使の有無

破産手続が開始した時は，破産財団に属する財産の上に存する特別の

先取特権，質権，抵当権等に基づいて，破産手続によらずに破産債権者に優先して，個別的な満足を受けることができる。この地位を別除権という。別除権は破産法に限らず，特別清算においても認められる。また民事再生においても別除権は認められるが，担保権実行の中止命令（民事再生法31条）の対象となる点等で重要な相違がある。なお会社更生では別除権は認められない。

⑤ **管財人・保全管理人等の権限**

各手続におけるいわゆる代表者とその権限について理解する必要がある。たとえば，会社更生においては規模等に応じて法律家管財人（弁護士）の他に，事業家管財人（事業経営について専門的知見を有する弁護士以外の者）等が選任される。

⑥ **代表者等の変更の有無**

倒産手続に入った後，代表者が変更する（手続開始前の経営者が会社にとどまるか）かどうかは重要な問題である。

⑦ **倒産によって債権がどのように扱われるか**

債権届出の時期，一般的な配当見込み，少額債権の扱い（少額更生債権の更生計画認可決定前弁済（会社更生法47条））で差異はあるか等，倒産手続における自社債権の取扱いに関する理解が必要である。

(3) **貸倒れ処理**

債権回収に最善の努力を尽くしても債務者が倒産した場合には，債権全額が回収できるわけではない。その場合には，回収不能額を税務上損金と認めてもらい，償却をすることとなる。

保有する売掛債権・貸付債権といった金銭債権が貸し倒れた場合，貸倒損失として企業会計上損失として計上されるとともに，法人税法上も損金となる。法人税法上，貸倒れとして処理できる基準については明文の規定はなく，通達によって認められている（法人税基本通達9―6―

1～3)。

① 金銭債権の全部または一部の切捨てをした場合の貸倒れ
（法人税基本通達9―6―1）（法律上の貸倒れ）

債務者が会社更生手続に入り更生計画認可の決定があった場合や民事再生手続に入り再生計画認可の決定があった場合，また特別清算にかかる協定の認可の決定があった場合等においては，これらの決定により切り捨てられることとなった部分の金銭債権の金額は，償却が認められる。また破産の場合には破産管財人から最終配当がなされ破産手続が終結すれば，配当に見合う債権額以外は回収見込みなしとして償却が認められる（法律上の貸倒れ）。法律上の貸倒れの場合は，回収できないことが明確であり，特に問題となることはない。

② 回収不能の金銭債権の貸倒れ
（法人税基本通達9―6―2）（事実上の貸倒れ）

「債務者の資産状況，支払能力等からみてその全額が回収できないことが明らか」な場合には，金銭債権を貸倒れとして損金処理することができる。しかしながら，この基準は必ずしも明確ではなく，通達は「全額」の回収不能を要件としており，一般的には事実上回収できないといってもおかしくない債権であっても，貸倒れ処理が税務上否認されるリスクがある。

③ 一定期間取引停止後弁済がない場合等の貸倒れ
（法人税基本通達9―6―3）（形式上の貸倒れ）

売掛債権（売掛金，未収請負金その他これらに準ずる債権をいい，貸付金その他これに準ずる債権を含まない）について，「債務者との取引を停止した時（最後の弁済期または最後の弁済の時が当該停止をした時以後である場合には，これらのうち最も遅い時）以後1年以上経過した場合（当該売掛債権について担保物のある場合を除く。）」や「法人が同一地域の債務者について有する当該売掛債権の総額がその取立てのために要する旅費その他

の費用に満たない場合において，当該債務者に対し支払を督促したにもかかわらず弁済がないとき」は，売掛債権を損金処理することができる。

【倒産手続比較】

	手続名称	開始原因	申立権者	管理処分権
清算型	破産手続（破産法）	支払不能 支払停止 債務超過	債権者 債務者	破産管財人
	特別清算手続 （会社法） ―株式会社のみ	債務超過の疑い等	債権者 清算人 監査人 株主	（特別）清算人
	私的整理	特になし （但し，債権者全員の同意が必要）	債権者及び債務者双方	債務者
再建型	民事再生手続 （民事再生法）	破産手続開始原因の生ずるおそれ等	債権者 債務者	債務者（原則）
	会社更生手続 （会社更生法） ―株式会社のみ	破産手続開始原因の生ずるおそれ等	債権者 株式会社 株主	更生管財人
	私的整理（私的整理ガイドライン，事業再生ADR等）	特になし （但し，債権者全員の同意が必要）	債権者及び債務者双方	債務者

（畑中鐵丸・前掲『企業法務バイブル』501頁〈倒産手続のまとめ〉参照）

◇◇◇◇◇ **Column** ◇◇◇◇◇◇◇◇◇◇◇◇◇◇◇◇◇◇◇◇◇◇◇◇◇◇◇◇

S社時代，九州南部のある取引先（K社）に対する数億円の売掛金が回収不能となったまま，長らく損金処理できずにいた。多額の長期滞留債権であり，いよいよ損金処理せざるをえなくなったが，そのためには，「回収不能の金銭債権」であることを証明する必要があり，税務上の否認リスクを勘案して，K社代表取締役K氏と交渉の末，K

社とK氏自身の自己破産を申し立ててもらうこととなった（K氏がK社に対して個人保証をしていたため）。自己破産の申立てをしてもらう条件として，S社はK氏に相応の和解金を支払う旨の合意書を締結して，K氏は予定どおりK社と自分の自己破産を申し立てた。

　数ヶ月後，K社の所在地の地方裁判所からK社の破産手続開始決定通知書が届いたが，一目見て仰天した。K氏の代理人となりS社と交渉し，その上和解金を受領した弁護士が，なんとK社の破産管財人として選任されていたからだ。

▶3　株主総会関連業務

　上場企業においては，株主総会関連業務として，まずは株主総会の円滑な運営のための株主総会スケジュール・総会運営シナリオ・想定問答の作成と社内リハーサルの運営業務が挙げられる。株主総会当日の会場警備のための警察署との連動や特殊株主（総会屋・クレーマー等）対策も業務の一つである。

　株主総会関連業務は，法務部門が担当することもあるが，総務部門等において専門の担当者が行うことも多い。従来は，いったん株主総会担当者となれば10年，20年と担当を続けることが多かったが，近年では3年から5年で株主総会担当が変わることも珍しくないようである。また，株主総会担当者といっても，1年中株主総会の準備をしているわけではなく，一般的には次のような業務を行っている（田路至弘編著・岩田合同法律事務所山根室著『株主総会物語』（商事法務，2012年）59頁以下参照）。

(1)　株主対応

　株主総会における質問への対応とは別に，会社の業績や事業内容など，株主からの日常的な問合せに対応する業務も行っている。ときとして，

自社株価の低迷に対する株主からのお叱り（クレーム）電話への対応をすることもある。

(2) IR説明会・施設見学会

上場会社においては，四半期決算後に，その内容を踏まえ，自社の業績や事業計画を説明するためにIR説明会（決算説明会）を開催することがある。また，会社によっては個人株主向けの自社工場・施設の見学会を企画することもあり，これらの説明会・見学会を株主総会担当が行うこともある。

(3) その他書類作成業務

株主総会の前後を通じて株主に交付する各種書類の作成業務も重要な業務である。

① **株主総会の事前に株主に交付**

計算書類・連結計算書類・事業報告・附属明細書等，招集通知，議決権行使書面，包括委任状等

② **株主総会の事後に株主に交付**

決算公告・その他の公告，決議通知，臨時報告書等

これら以外にも，証券取引所への適時開示（株主総会に上程する一部の議案（資本金・準備金の減少等）は有価証券上場規程に基づき，証券取引所の適時開示の対象となる）手続も担当業務であることが多い。

◇◇◇◇ **Column** ◇◇◇◇◇◇◇◇◇◇◇◇◇◇◇◇◇◇◇◇◇◇◇◇◇

株主総会業務から離れて7年以上経つ。30歳〜40歳代にかけて関わった株主総会業務に関する知識・経験も，今ではすっかり古くなってしまったが，これまで結構いろいろな経験をしてきた。

S社では毎年必ず株主総会前に「挨拶」にやってきた当時最大手の総会屋グループ「R」の幹部とお茶を飲みながらいつも高校野球の話

第3章　企業法務の概要　77

をしたことや，株主総会前日に，決起集会と称して飲み屋を数件はしごして，肝心の総会当日にはいつも二日酔いの状態で書記局（議長・役員席の裏側で，主に質問があった場合の対応や議事進行について議長にアドバイスする役割の事務局）に座っていたこと，そして株主総会が無事終わった当日には，今度は慰労会と称して深夜まで飲み続けたこと，また他社の株主総会の見学に出かけ，受付で他人名義の議決権行使書面を提示し，その上所持品（ショルダーバッグ）を預けるよう執拗に要求する受付とトラブルになったこと[*2]等，いまとなっては苦くて楽しい思い出である。

　当時は，総会屋全盛の時代であり，リハーサルでアロハシャツにレイバンのサングラスをかけて，議長（社長）を恫喝したり，（総会屋の）退場練習の際に，警備役に力が入りすぎて，総会屋役の自分のシャツが破かれたこともあった。毎年のように総会屋から事前質問状が届き，その対応に追われた。[*3] S社の定時総会は5月末であったため，ゴールデンウイークを10年間味わったことがなかった。

　それにしても，2000年以降，株主総会業務は随分替わってしまった。1990年代には，各社の総会担当者は皆，10〜20，30年のキャリアのベテランばかりであったのが，今ではまったくの新人に担当させることもあるようだし，また招集通知，参考書類，事業報告，計算書類等の株主総会関連書類は，絶対にミス（誤植含む）は許されなかった。S社の属する他のSグループ企業の総会担当課長が，招集通知に誤植があったため，左遷された（一説によってはクビになった）との話を聞いたこともあるくらいである。それが，いまでは，招集通知の発送後に関連書類の記載事項に修正すべき事情が生じた場合でも，ウェブ上で簡単に訂正公告を行い，それで問題なしとなっていること（会社法施行規則65条3項・133条6項，会社計算規則133条7項・134条7項）や，そもそも当時は電子株券というものはなく，（かろうじて保管振替制度はスタートしていた），株式業務の基本的な流れは理解していても，細かい手続についてはまったくの浦島太郎状態となってしまった。

◇◇◇◇◇◇◇◇◇◇◇◇◇◇◇◇◇◇◇◇◇◇◇◇◇◇◇◇◇◇◇◇◇◇◇◇◇◇

＊2　他社株主総会を見学するために，S社では自社保有の他社株式だけでは足りず，N証券から議決権行使書を借りることがままあった。あ

る年のM商事の定時総会の当日，N証券から借りたM商事の議決権行使書（N証券に送付された議決権行使書）を，いつものようにM商事の株主総会の受付に提出した。ところが，受付では日本最大のN証券代表取締役社長名義の議決権行使書を当時30代の法務担当である私が持参したため，S社の法務担当である私の名刺を受付に渡したものの，「委任状はあるか？ なければ入場させない。」等といわれてしまい，私は「貴社の法務部門に聞いてごらんなさい。実際に入場する私の名刺があるから問題ないよ。」といってそのまま入場した。

　入場したはよいものの，入場の際に受付への鞄の預入れを拒否したことと，そのうえ運の悪いことに，着席した周囲に総会屋が複数名いたため，どうやら私も総会屋の一派だと思われたようであった。

　M商事の株主総会が終了してS社に戻ったところ，社内では大騒ぎとなっていた。ただちに財務部に呼び出され，財務部長から「堀江，いったい何をやったんだ⁉」と一喝されてしまった。M商事から議決権行使書面をS社へ貸与したN証券に対してクレームが入り，N証券からS社（財務部）へ問合せがあったのである。瞬間クビを覚悟したが，少しやんちゃな言動であったものの，法的に誤った行動はとっていなかったことを理解してもらえ，特にお咎めはなかった。

　「実務上は，株主に送付された議決件行使書を持参した者を株主として認め入場させる扱いが慣行として確立している。この方法は，短時間に効率よく来場者の資格を確認する方法として一定の合理性が認められるものであり，問題はないとされている。（中略）厳密に考えれば，別人であることが明らかであれば入場を拒否する余地はあると思われるが，実務的には株主の本人確認をどこまで厳密に行うかの問題で有り，実際には，議決権行使書を持参している以上，入場を認める扱いとすることが多い。」（田路至弘編著・岩田合同法律事務所山根室著・前掲『株主総会物語』293頁）。

　「株主総会の受付において，来場者の手荷物・所持品の検査をどこまで行うか，どのような所持品について持込みを禁止するかも確認しておかなければならない。まず，来場者に対して所持品検査を行い，さらには議事の円滑な進行を乱すおそれのある物の持込みを制限することが許されるかが問題となるが，これは議長の議事整理権・議場の秩序維持権（会315条2項）に含まれるとされている。裁判例におい

ても，入場する株主の所持品を預かったり，所持品をチェックすることは，平穏な総会を運営する上で必要な範囲内の処置であると判示したものがある。もっとも，実際には所持品検査を実施しない会社も多く，約8割の会社が実施していない。」(同書300頁)。

＊3　事前質問状が届いた場合，事前質問の回答にプラスして，質問されていないが，当日総会で聞かれたくないこと（聞かれた場合，回答に窮する質問も含む）に対する「回答」を追加して，総会当日質問状に対する回答を読み上げることにより，万一触れてほしくない質問が総会であった際は，「さきほど事前質問状に対する回答でお答えしたとおりです。」と進行するシナリオを作成（修正）していた。

▶4　訴訟対応（提訴・応訴）

　訴訟が提起され，また訴訟を提起する場合，法務部門は紛争の当事者部門と連動し，社外の弁護士事務所等の協力を得て訴訟に対応する。ここでは，訴訟対象の事案について事実認定を的確に行い，弁護士に正確に提示するとともに，弁護士と協議しながら，会社にとって，ベストの対応をとることが重要な役割となる。特に事実認定に関しては，会社の業務をよく理解している法務部員が事実の収集を積極的に行うべきであり，場合によっては答弁書も法務部員が原案を作成したほうがよい。簡易裁判所管轄の訴訟（訴額140万円以下）では，法務部員が代理人許可申請を申し立て，訴訟代理人として訴訟を遂行することもある。

◇◇◇◇ **Column** ◇◇◇◇◇◇◇◇◇◇◇◇◇◇◇◇◇◇◇◇◇◇◇◇◇◇◇◇◇◇◇◇◇◇

　Ｓ社時代に，一般消費者から，Ｓ社に対して損害賠償請求訴訟が提起された。Ｓ社のＴ店舗に買い物に来られていたお客さんの子供（幼児）が，目を離した隙に店舗から車道へ飛び出し，丁度店舗のテナント（化粧品店）へ納品にきたトラックが，飛び出した幼児に気づかずに幼児を轢き殺してしまったのである。

原告は幼児の両親であり，被告はトラック運転者（不法行為に基づく損害賠償責任），運送会社（使用者責任）およびＳ社の３者であった。Ｓ社に対する訴えは，安全配慮義務，すなわちこの場合は「顧客に対して安全に買い物ができることに配慮する義務」違反を原因とするものであった。訴状送達後，訴訟対応のために，まずは弁護士と一緒に事故現場であるＴ店舗へ赴き，交通事故の目撃証人を探すと同時に事故現場を検証した。

　幼児が飛び出した場所であるＴ店舗正面出入り口は，道路からの見通しもよく，トラックが法定速度内で走行していれば幼児に気づくはずであり，運転手の過失の可能性が高いと思われた。しかしながら，店舗から当日の状況についての聞取りを続ける中で，現在は見通しのよい状況であるが，事故当時は正面出入り口付近に「空き缶ロボット」（リサイクルためのロボットの形をした空き缶回収器）が設置されていたことがわかった。この空き缶ロボットは，幼児がすっぽり隠れるほどの高さと幅があり，空き缶ロボットが視界の邪魔をして，飛び出した幼児が運転手の目に入らなかった可能性は否定できなかった。そこで，私は，「請求原因は安全配慮義務違反であるので，直接は関係ないが，工作物の設置者の責任を問われることがあるのではないか。」と弁護士に指摘した。弁護士はその場ではその可能性を否定したが，後日事務所で検討した結果，弁護士はＳ社が工作物責任を問われる可能性は十分にあると判断した。

　原告側が請求原因の変更（安全配慮義務に加えて工作物責任）をする可能性もあり，その場合はＳ社が不利になることを考え，最終口頭弁論期日において，Ｓ社から和解を提案し，Ｓ社が見舞金を支払うことで和解が成立し，訴訟は終結した。残る被告２社間の訴訟はその後も継続したが，裁判の結果については聞き及んでいない。

　ところで，この事件では，和解成立前のある口頭弁論期日において，父親が隠し持っていた幼児の遺影を突然取り出して，被告運転手を非難したことがあった。すぐに事務官に注意されて，遺影はしまわれたが，後味の悪い事件であった。それとともに民事訴訟における法務担当の事実認定の重要さをつくづくと感じた事件でもあった。

▶5 会社法関連業務

　会社法関連の法務業務に取り組む場合，会社法の知識だけでなく，最低限の会計・税務等の基礎知識をもつべきである。また，たとえば会社設立の場合であれば，設立スケジュールをフォローした上で，設立登記や添付書面について理解し，さらに設立後事業に必要となる許認可や設立直後の税務申告・労務関係届出等の業務も理解すべきである。募集株式の発行の場合には，一定数以上の募集（50名以上）の場合は，払込金額によっては，有価証券通知書または有価証券届出書の提出が必要（1千万円超1億円未満の場合は有価証券通知書，1億円以上の場合は有価証券届出書）であること等も知っておかなければならない（金融商品取引法4条1項・2項・6項）。

　このように会社法関連業務は，幅広い業務が対象となるが，この分野については，主な業務を列挙するにとどめる。

(1) 商業登記業務

　会社法関連業務において，商業登記業務は重要な業務の一つである。商業登記は，会社（特に株式会社）という組織の実体の変更を公示する機能を有し，新株発行，商号変更，役員変更，本店移転等，合併，会社分割等，各種の重要な登記がある。さらに公示機能にとどまらず，商業登記が実体関係の成立要件である「設立登記」（設立登記が完了することで初めて会社は成立する），「新設合併による設立登記」，「新設分割による設立の登記」および「株式移転による設立の登記」は，会社法の実体規定そのものに影響する重要な登記である。

(2) M&A関連業務

　企業買収，業務提携の手続として，具体的には，株式譲渡，募集株式

の発行，事業譲渡，合併，会社分割等に関する各種手続がある。たとえば，合併の場合，プランニング・スケジュール作成から，合併契約書の作成，公正取引委員会への事前届出から登記申請までがその対象となる。

Column

ご存じのとおり，商業登記は本人申請が原則であり，また不動産登記と異なり，すべて当事会社だけの申請（いわば単独申請）である。登記完了が遅くなることを気にしなければ，何度か補正すれば登記は完了する。

そのために，登記完了が遅くなることを気にしなくてよい会社では，商業登記業務を司法書士へ依頼せずに，自社の法務部門（法務担当または総務部員）に行わせる場合も多い。その場合でも種類株式に関する登記や組織再編（合併・会社分割等）に関する登記等，比較的複雑な登記については司法書士に依頼することも多いようである（東京法務局本局では，商業登記の相談窓口を設け，相談者に非常に丁寧に対応しており，素人の総務担当社者が一から商業登記申請の手ほどきを受けている光景がしばしば見られる。したがって難しい商業登記であっても法務担当だけで完結することも，十分に可能である）。

Ｓ社では，関係会社も含めグループ全体の商業登記業務はすべて法務部門で遂行していた。そのため，数年に１回の割合で，Ｓ社の本店所在地を管轄する司法書士会の支部から司法書士法違反の警告状を受けていた。Ｓ社は，本人申請のどこが悪いのかということで一切対応しなかったが。

(3) 取締役会・株主総会等の会社の機関の運営

これらの業務は，実際には総務部門が行うことが多いと思うが，その場合でもこれら会議体の適正な招集手続や決議等のために，法務部門が密接に関わりあう業務である。たとえば取締役会であるが，旧会社法（商法会社編）では，会議を省略し書面決議（持ち回り決議）を行うことは認められず，遠隔地在住や海外出張により会場に物理的に出席できな

い取締役が，通信システムを利用して意見を述べる「電話会議」や「テレビ会議」での出席を認めるか否か論点となっていた。

当時は，「遠隔地にいる取締役の映像と音声の送受信により相手の状態を相互に認識しながら通話をすることができるテレビ会議方式による参加は出席と認められるが，音声の送受信のみである電話会議方式は，テレビ会議方式に比べ相手の反応を認識し難いので，出席と認めない」とする見解もあったが，後に，取締役の全員が同意すれば出席と認めて差し支えないと解された（平成14年12月18日付法務省民商第3045号民事局商事課長通知）（江頭憲治郎『株式会社・有限会社法〔第4版〕』（有斐閣，2005年）357頁参照）。これについては，会社法はこの論議を超えて会議自体を開催することなく，取締役会の決議を省略することを認めた（会社法370条1項）。

このような旧会社法から会社法への過渡期に入社したB社では，本業がコールセンターの運営および同業務の受託であったこともあり，いち早く電話会議方式による取締役の取締役会への参加を実践していた。しかしながら，平成14年通知が発される前のことであり，まさに電話方式では不可で電話会議であれば可と解する立場の強かったときであった。この問題に気づいた私は，実際に取締役会に出席した取締役を定足数算定の対象とし，電話による参加はあくまでも取締役の意見表明であり，決議には参加しない方式に取締役会の運営を改めさせた（重要な議案の上程される取締役会へは，極力取締役会に出席してもらうこととした）。

(4) 取締役会議事録・株主総会議事録等の作成

会社は，適正な取締役会・株主総会を運営するとともに，それらの会議の結果を，遺漏なくかつ正確に表記した取締役会議事録・株主総会議事録を作成しなければならないのは当然である。決議事項が登記事項である場合には，議事録の記載内容で登記が可能であるかのチェックも必

要である。

(5) リストラクチャリング関連業務

子会社の減資・清算手続や事業譲渡（事業売却）に関する手続等がこれに当たる。

これらのリストラクチャリング業務においても，前提として税務・会計上の知識が必要となる。

▶6 独占禁止法・下請法関連業務

すでに述べたとおり（第2章Ⅱ1「(3) 独禁法・下請法違反事件」（本書25頁)），近年独占禁止法および下請法の厳格な運用化が顕著である。また，企業は日本国内の独占禁止法にだけ目配りしていればよいわけではない。外国の独禁法の域外適用の問題もあるし，外国へ事業進出する際の現地の独占禁止法（競争法）規制への対応が必要となることもある。

中国でも2008年から独占禁止法が施行されたが，「先進国では常に留意せざるをえなかった競争法規制について，中国においても制裁金（最高で年間の10％）の賦課の可能性」があり，カルテルなどの法規制に慎重な対策をとる必要があるし，「事業結合規制については中国企業を相手とする企業の合弁・買収（M&A）案件だけに注意するだけでは不十分である。たとえば，日本企業同士のM&Aにおいても近時は相手方当事者に中国子会社が存在することはきわめて一般的であることから，中国において事業者結合規制に基づく事前届出が要求される場合がある」点にも注意しなければならない。事業結合規制については，欧米をはじめ中国・韓国等のアジア諸国についても目配りをする必要がある（中川裕茂『法務の疑問に答える中国独禁法Q&A』（レクシスネクシス・ジャパン，2011年）2頁）[*4]。

なお，韓国においても企業結合規制があるが，やはり日本企業間の韓国外での企業結合でも，各当事者（日本企業）が「韓国内で200億ウォン以上の売上高がある場合（この場合の企業は，企業グループ全体が対象）が企業結合をしようとする場合は，韓国公正取引委員会へ事前に企業結合申請をしなければならない。」（独占規制及び公正取引に関する法律第12条（企業結合の申告）第1項，独占規制及び公正取引に関する法律施行令第18条（企業結合の申告等）等による）とする規制がある。

* 4　具体的には，事業者結合が次に掲げる基準のいずれかに該当する場合，事業者は中国国務院主管部門に対して，事前に事業結合の申請を届け出なければならない（同書102頁参照。事業者結合届出基準規定3条）。
　　事業者結合に参加するすべての事業者の，
①「前会計年度における全世界の売上高の合計が100億元を上回り，かつそのうち少なくとも2つの事業者の前会計年度における中国国内の売上高がいずれも4億元を超えている場合」
　　または
②「前会計年度における中国国内の売上高の合計が20億元を上回り，かつそのうち少なくとも2つの事業者の前会計年度における中国国内の売上高がいずれも4億元を超えている場合」
　　（ここでの売上高は，各当事者とも連結ベースであることに注意。）
　　事前届出をパスして事業結合を行った場合，過料等の制裁がある。各企業とも何らかのかたちで中国との取引関係があるだろうから，事業者事前届出を省略することはできず，一方届出の増大により，中国当局の届出審査業務がオーバーワークとなっているようで，審査の遅れも問題となっている。直近では，日本企業の数社が審査の遅れから事業自体に重大な影響を受けている。たとえば，大和ハウス工業は，2012年8月に「フジタの全株式を12月20日ごろに500億円で取得し，完全子会社化する」と発表し，「両社とも中国で事業を展開しており，同国の競争法の審査が必要」となるため，事業者結合の届出を

したが，大和ハウス工業は，2012年12月20日に「準大手ゼネコン（総合建設会社）フジタの買収を延期する」と発表した。また，「JFE系のユニバーサル造船とIHI子会社のアイ・エイチ・アイマリンユナイテッド（IHIMU）の統合は3度延期を余儀なくされ，統合が来年1月に延び」，「丸紅による米穀物大手ガビロンの買収も中国当局の認可待ちで，承認は来年1月以降とみられ」ている（日本経済新聞電子版2012年12月20日23時09分）。

▶7 不動産関連業務

　企業にとって不動産は重要な財産である。不動産に関する売買契約書・賃貸借契約書の作成（審査）と相手方との条件交渉，契約締結および不動産登記手続は重要な法務業務である。不動産業でなくても，一定数の不動産を資産として保有し，また事業用不動産として他から賃借する企業は多く，その場合不動産管理を行う専門部署が設けられる場合もある（S社の場合は，総務部内に「不動産管理課」が設けられていた）。

Column

　S社は，スーパーマーケットのいわゆるナショナルチェーンとして，北は北海道から南は沖縄まで全国に店舗を展開していた（最多期には200店舗以上を保有していた）。その多くは賃借不動産（土地・建物）であったが，自社不動産も多く保有していた。そして，不動産管理課の対象は既存物件であり，新規出店に伴い不動産を取得または賃借する交渉は，新規出店担当部署である開発部と法務部が共同で行っていた。S社在籍中は新規出店交渉のために開発部に随行し，日本各地へ出張したものである。
　その中でも金沢近郊の野々市町（現野々市市）では，珍しい経験をした。S社は，平成元年に敷地約7万6000㎡の大型ショッピングセンター出店を野々市町の土地区画整理事業として計画した。ショッピングセンターの敷地として「①自社取得，②土地賃借（仮換地），③土地区画整理事業組合からの保留地取得（買受）」の3とおりを計画

し，②の土地賃借のために，地権者数十名と農地の条件付土地賃貸借契約（農地法第5条の届出が受理されることを停止条件とする）を締結した。土地賃貸借契約に際し，だめもとで賃借権設定請求権仮登記を設定するよう地権者（代理人弁護士）に要求してうまくいったことは前著で述べた（前著『契約業務の実用知識』125頁参照）。その際に，自ら作成した契約書案を町内の公民会で地権者数十名を対象に逐条説明したことは得がたい経験であった。またその後，S社は，最終的に出店を断念して，取得済の土地（保留地含）と賃借権（既に本登記に移行）を平成7年にマイカル北陸（現イオンリテール）に譲渡した。その譲渡契約の立ち会い（賃借権譲渡契約・仮登記移転と代金支払いの同時決済）において，マイカル北陸の代理人として行政書士が出席し，業務を行ったことも驚きであった[*5]。

◇◇

*5 マイカル北陸の代理人司法書士は，事前打ち合わせも含め1度も顔を見せなかった。事前打ち合わせの際は，司法書士が開業まもなく実務に詳しくないという理由で当該行政書士が代わりに打ち合わせに参加し，また立会い当日は，司法書士は新婚旅行で不在とのことであった。このような場合は，補助者（司法書士の業務を補助する者。補助者を置いたときは，遅滞なく所属の司法書士会に届け出なければならない（司法書士法施行規則25条））を打ち合わせに参加させるか，立会い業務に関しては補助者にさせることはできないため，他の司法書士に復委任しなければならない。最初から最後まで，行政書士が司法書士の代わりに来ており，どう見ても行政書士が司法書士の名義借りをして不動産登記業務を行ったとしか思えなかった（当然司法書士法違反である。当該行政書士はやたらと不動産登記に詳しく，日常的に不動産登記業務を遂行していた節があった）。

そういえば，本件出店事業に関して地元の弁護士事務所に何度か相談に行ったが，当の弁護士とは名刺交換をしたきりで，その後は1度も会うことはなく，常に同事務所の事務員のS氏が相談相手だった。S氏は事務員であるにもかかわらず，他の顧問先からいつも「先生」と呼ばれており，当の弁護士が業務をしている姿を見たことはなく，いつ弁護士事務所に行ってもS氏が法律相談の相手であった。ま

た，他社から受任した法律文書（訴状・答弁書等裁判書類）もすべてS氏が作成していた。いまから20年近くも前のことであり，現在はないと思うが，金沢では弁護士法を含め業法が緩やかに運用されているのかなあと不思議に感じたものである。

▶8 クレーム処理等

　企業では，多くの取引が行われ，取引上のクレームやトラブルは避けることのできない問題である。取引対象の製品・原材料等について，瑕疵・数量不足・低品質・契約の不完全履行等を理由として，物の修補や，交換，代金減額，損売賠償，契約解除等の請求をされたりする。この場合，個々の取引を法的に分析し，自社に過失はないかといった検証を行い，場合により減額に応じ，また正当な理由を提示してクレームを拒否したりする。これらの対応も企業法務の重要な業務である。

　また，B to C 企業にとっては，一般消費者からのクレームが問題となる。俗に「クレームは適切に対応することによって，自社及び自社製品・サービスに対する信頼を高め，顧客を自社のファンにすることも可能である。」といわれるが，いわゆるモンスタークレーマーも増えており，それらへの対応にも法務部門が直接・間接的に関わることとなる（クレーマー対応については，升田純＝関根眞一『モンスタークレーマー対策の実務と法〔第2版〕』（民事法研究会，2009年）が参考となる。）。

　次に掲げるものは私が企業法務業務で実際に経験した中で，特に印象に残っているクレーム対応案件である。

(1) トイレットペーパー事件

　B社で起こった事件である。B社はアルバイトの中国人女性がトイレットペーパー1個を自宅に持ち帰ったとして，いきなり解雇をしてしまった。女性が外部労働組合に駆け込み，あやうく大きな問題となると

ころであったが，この件は事前に法務部門にあげられず，人事部が秘密裏に対応していたことが問題であった。最後まで人事部がどのような対応をしていたか明らかでなかったが，噂では相当の金銭を支払ってアルバイトの女性と和解したようであった。

(2) 調剤クレーム事件

D社の神奈川県内の薬局で，処方された薬とは異なる薬が混入されて患者に手渡されてしまった。本来の薬の棚に別の棚から異なる薬が落下したのが原因であった。間違って患者に渡った薬は，服用しても健康被害のないものであったが，D社の謝罪に対して患者の夫が強行に損害賠償を請求してきた。

D社の法務部長であった私は，担当部門の責任者の薬剤師とともに，すぐさま患者宅へ菓子折持参で謝罪に向かった。患者の夫からは一方的に過失を詰められたが，話をしているうちに，彼が以前，宅地建物取引業を営んでいたことがあり，法律に詳しい（と思っている）ことがわかった（自慢げに話してきたからである）。そこで，どのように返答しようかと考えていたところ，次のような会話となった。

（中略）
- （夫）「あんたも薬剤師なら，調剤過誤はあってはならないことはよくわかるだろう。」
- （私）「私は薬剤師ではありませんが，おっしゃるとおり調剤過誤はあってはならないことです。」
- （夫）「薬剤師ではないのに来たのか。」
- （私）「（しめた，と思いながら）はい。薬剤師ではありませんが，司法書士です。」
- （夫）「えっ，司法書士ですか。そうですか，司法書士さんですか。」

先方は，先ほどまでの強硬な損害賠償請求から，急にトーンダウンした。その後は，理詰め（法律論）の土俵で会話をすることができ，先方も損害賠償請求という無理な要求を引っ込め，謝罪と持参した菓子折だけで納得してもらうことができた。

(3) 似非同和事件

前著『契約業務の実用知識』において契約準備段階の過失の事例でご紹介した，兵庫県のガソリンスタンドとの交渉事である（同書52頁参照）。N社は，ガソリンスタンドの敷地を薬局出店用地として賃借する交渉中に，一方的に賃貸借予約契約を白紙撤回したのであるが，先方は契約準備段階の過失を理由として，執拗にN社に損害賠償を求めてきた。とにかく本社から責任のある人間が来いといわれ，法務部長であった私と営業部長の2人でガソリンスタンドの本社へ行くこととなった。

先方は，訪問前から電話で何度も損害賠償請求をN社に要求しており，会話の中で同和関係者を臭わすような話や，過去に大手石油元売りから損害賠償金を得た自慢話等を話していた。そこで，これらの話の裏をすべてとった上で訪問した。実際は同和関係者ではなく，また大手元売りの話もまったくの嘘であった（同和関係者か否かは，株式懇話会で知り合った所轄の刑事を通じて地元の警察に照会してもらい，また大手元売りの話については，経営法友会を通じて同社の法務担当を紹介してもらい，直接確認をとった）。

当日は一方的に罵倒されまくられ，同和関係の本も小道具として見せられたが，こちらはただ耐えて，「はあ。はあ。」とあいまいな返答で押し切った。一点だけ，この後社長に会いに東京へ行くのでスケジュールを調整しろと先方が要求した際は，「私が責任者ですので，社長は会いません。万一東京にいきなり来られても，お会いするのは私です。」ときっぱりと返答した。

万一 5 時間経過後も私から連絡がない場合は，地元の警察に通報するよう事前に部下に指示しておいたが，真冬の寒い中 2 時間半の面談で無事解放されることができた。この交渉が何とかうまくいったポイントは，①相手の主張（同和関係者であるような言い回しと過去に大手元売りにけじめをつけさせたという主張）についてあらかじめ裏とりをしたこと，②余計な反論をせず，先方の主張（罵倒を含む）にじっと耐えたこと，③飲めない要求にはきっぱりとNoといったこと（東京に来ても，私が会うこととなると明言したこと）であろう。

(4) メール苦情事件

　D社は，当時世界最大のインターネットプロバイダーであるA社の日本法人であった。D社は会員に各種の情報を常時メールで送信しており，メールを受信したくない会員に対しては，申出によりメールを送信しないように対応していたが，システム変更をしたときに，誤って受信拒否の会員にもメールが送られるようになってしまった。その際に受信拒否をしているにもかかわらずメールが送られたことに猛烈に抗議してきた某会員がいた。某会員は，お客様相談室への単純なクレームではおさまらず，連日D社にクレームを繰り返したため，ついに社長にまで事件として報告が上がった。

　社長から法務での対応を指示され経緯を調べたが，クレーム内容は，広告メールを欲しくない某会員に誤って一度だけ広告メールを送信したことであり，その原因はシステム変更時のミス（広告拒否の会員とみなす処理がされなかった）であるが，事後は送信されないように対応済みであった。会員に対する損害賠償となる法的な問題はまったくなく，お客様相談室からのお詫び対応以上のものではありえなかった。その旨を社長に報告したが，会員は「責任者が東京から詫びに来い」の一点張りで，小心な社長の指示により，結局法務部門の責任者である私とお客様

相談室長の二人で，東京から兵庫まで頭を下げに行くこととなった。

約束の時間に会員宅を尋ねたが，室内には入れてもらえず，2人とも狭い玄関に立たされたまま，延々と文句をいわれ，ひたすら謝罪をさせられ続けた。いまでこそ，病的なクレーマーの存在は知られるようになったが，その頃はこの手の人種が存在することはあまり知られていなかった。訪問前に会員宅近くの派出所を一升瓶を抱えて訪ね，苦情対応のために会員宅を尋ねる旨を話したうえで，会員がどのような人かを聞いたところ，特に「反社会的勢力」ではなかったので，とりあえず安心して訪問することができたが。

約2時間の間，新たな怒りを生じさせないよう，お客様相談室長と互いにアイコンタクトもまじえ細心の注意を払って会員に対応したため，2人ともふらふらになって会員宅を辞去した。その晩は宿泊地の京都で2人で痛飲した。

(5) 店頭事故

S社では，店舗でお客様と店員間の接触事故が時々発生し，店舗で対応できずに本部（法務部門）に回ってくる事件もいくつかあった。

ある時，神奈川の店舗で商品を運んでいた店員が，前方不注意で70代の女性に商品を乗せたワゴンをぶつけてしまった。事故は，女性の腰にワゴンが軽く当たった程度であり（女性が尻餅をつくこともなかった），その場で店員と店長が謝罪して何事もなく終わった。ところが，数日後，その女性が「腰が痛いので病院に行ったところ，腰痛のためしばらく通院しなければならなくなった。」と店舗にいいに来た。店長は自己の裁量で初診料を支払いその後の治療費を払うことを約束したが，これがまずかった。女性は医者から腰痛治療のために温泉がよいといわれたといって，毎月温泉へ出かけ，交通費・宿泊費を請求し続けたのである。この請求に店長がずるずると応じて1年近く経った頃，ついにこれ以上

店舗では対応できないとして，法務部門へ事件が回ってきた。

　仮にＳ社の店員がワゴンをぶつけたのが腰痛の原因だとしても，ここまでくると治療費請求のレベルを超えていた。事後は一切金員を支払わない旨，女性に通知したところ，しばらくして不法行為に基づく損害賠償請求の訴えを提起してきた。ワゴンの接触と腰痛の因果関係等をめぐって釈然としない訴訟を継続した後，結局見舞金名目で一時金を支払い，和解が成立した。

　また，ある年のゴールデンウィーク明けに突然民事調停を申し立てられたこともある。申立事項によると，都心の某店舗の通路で，店員とお客様（女性）が出会い頭で衝突し，店員が素足にサンダル履きのお客様の小指を踏んでしまったために，小指の爪がはがれたということであった。Ｓ社の場合，店舗内で事故が発生した場合は，店舗から本部に事故報告が上がってくるのだが，本件についての報告はなかったため店舗に確認したところ「出会い頭にお客様とぶつかったが，大したこともなく，お客様はそのままお帰りになった。」とのことであり，報告の対象とならない程度の事故であった。

　それにもかかわらず，お客様は「この事故のためにゴールデンウィークに計画していた海外旅行を取りやめることとなった。旅行代金全額と慰謝料を支払え。」というのである。結局，調停において「旅行のキャンセル代金」といくばくかの見舞金を支払うことで和解したが，事前に店舗にクレームを申し立てるわけでもなく，いきなり民事調停を申し立ててくるという相手方の非常識な対応に，うんざりしたことを今でも覚えている。ちなみに，総務部がこのお客様の身元を調査したところ，普通の技術系サラリーマン（某大手電機メーカー）であることがわかり，よく自分で民事調停を申し立てたものだと妙に感心した。

Column

　S社は，早くから積極的にPB（プライベートブランド）商品を製造販売していた（PBとは，NB（ナショナルブランド）に対抗して，割安感や買い得感を全面に出し，安くて良いものを自社ブランドで消費者に提供しようとするものである）。そして，S社はPB商品として1994年（平成6年）に日本初のビール製品（Beer Oh！「ビール・オー」）を発売した。

　1995年（平成7年）の夏の終わり頃，消費者室に1本の電話があった。内容は，S社の食品で甚大な損害を受けたので，社長か担当役員を出せというものであった。担当者が内容を詳しく聞かせてほしいといっても，「内容は社長か役員にしかいえない。S社の商品で被害を受けた者だ。」の一点張りであった。唯一聞けたのは，食中毒・食あたり等の生命・身体に関わる問題ではないことであった。すぐに電話を受けた担当者から法務の私に相談があったが，それだけの内容では対処しようがないので放っておくようにと指示をした。

　その夏もすぎ秋になった頃，一つの訴状が東京簡易裁判所からS社に送られてきた。内容は，「S社のPBビールを買って電車に乗ったところ，急に泡が吹き出して，衣服を汚した上に，車内で不審者扱いをされて精神的苦痛を受けたので損害賠償を求める。」というものであった。ちょうど，地下鉄サリン事件発生（1995年（平成7年）3月）の数ヶ月後であり，駅構内での不審物に世間が非常に神経をとがらせていた時期であった。訴状を読んだ瞬間，あの夏の電話を思い出した。

　第1回口頭弁論期日までに東京簡易裁判所へ代理人許可申請を申し立て，当日は自ら訴訟代理人として出席した。裁判が始まると，原告は証拠（品）として，ビニール袋に入れた，中身の残ったビール缶を鞄からいきなり取り出し，法壇に置いた。事務官が慌てて制止しようとし，また裁判官は審議を打ち切り，次回期日までに書証にして提出するようにといい，ちょっとした騒ぎになってしまった。

　こんな裁判に次回も付き合ってはいられないと思い，私は，慌てて裁判官に和解したい旨申し立て，司法委員のもとで原告との和解に臨むことにした。やはり原告は，その夏に消費者室に電話をかけてきた当人であった。実は訴状を受けてから口頭弁論期日までの間に製品

を調査したところ、一定期間内に製造されたPBビールの中には一部ビール缶のプルトップが脆弱なものがあり、強い衝撃を与えると内容物（ビール）が吹き出すことがあることがわかった。したがって、S社の非を認めると同時に、最初の段階で内容も知らせずに代表取締役や担当役員を出せと電話するのもいささか非常識ではないか、当初から担当者にきちんと話してもらえれば、誠意ある対応ができた旨を話したところ、原告は自分にも非があることを納得してもらい、結果S社が迷惑料として数万円を原告に支払うことで無事に和解が成立した。

クレーム処理と訴訟対応の両方を自分で担当した事件であり、記憶に残っているが、クレーム処理が訴訟にまで発展したのは、自分の初期対応にまずさがあったのではないかと反省した事件であった。

◇◇

▶9　反社会的勢力への対応

　暴力団、暴力団関係企業、総会屋、社会運動標ぼうゴロ、政治活動標ぼうゴロ等のいわゆる反社会的勢力や右翼・似非同和・クレーマー等への対応については、総務部門が担当することが多い（クレーマーについては、一次的には消費者室や広報部門が対応することもある）が、その場合も、法務部門は当該部門と協働して業務遂行に当たるのが通常である。

▶10　知的財産権関連業務

　特許法、実用新案法、著作権法、商標法等の企業が保有する知的財産権の管理・保全業務である。メーカーにとっては自社特許の保護や他社特許の不侵害のための対応は生命線であるし、またマスコミや流通業にとっては、著作権や商標権は企業法務の重要な対象となる。

▶11　労働法関連業務

　企業法務として，労働基準法，労働契約法およびこれらと関連する就業規則または労働協約による規制，判例法上の規制，特別法（育児介護休業法，公益通報者保護法等）による規制，賃金・退職金に関する「賃金支払いに関する労働基準法上の原則」，「退職金の法的性格」および，「賃金・退職金と会社の労働者に対する債権の相殺」等の労働法について理解も求められる。

　労働者の解雇については，従来裁判所において整理解雇の判断基準とされてきた「4要件」についてこれらは必然ではなく，「整理解雇の有効性を判断する4つのポイント（4要素）と理解し，整理解雇はそれら要素に関する諸事情の総合的な判断によるとの判断枠組みを採用する裁判例が増加している」（菅野和夫『労働法〔第10版〕』（弘文堂，2012年））568頁）し，また近年は，リストラクチャリングの一環として行われる整理解雇も漸増している。4要件が再建型倒産手続においても妥当するとしながら，その要件を実質的に緩和して更生計画案の妥当性を肯定した日本航空事件（「倒産と労働」実務研究会編『概説　倒産と労働』（商事法務，2012年）所収）など，新しい判例の動向にも注意する必要がある。

▶12　コンプライアンス関連業務

　コンプライアンス関連業務は，企業にとって，近年は不可欠の法務業務である（特に大会社にとっては重要である）。ここでいうコンプライアンス関連業務は，「企業がその活動において法令違反等の不祥事を起こさないようにするためのあらゆる法務対応」とでもいえよう。したがって，その対象は，非常に膨大である。ざっと挙げただけでも刑法，会社法，独禁法，金融商品取引法，労働基準法等に違反することがないよう

にするとともに，そのためのコンプライアンス体制として，内部統制システム，内部通報制度，危機管理体制，適正な労務管理制度（セクシャル・ハラスメント，パワー・ハラスメント対応等）の構築も必要となる。

各社によって具体的なコンプライアンス関連業務の射程は異なり，そのすべてを法務部門が主管するわけではないが，いずれにしろ法務部門に密接に関わりのある業務である。

▶13　社内啓蒙・研修（リーガルマインドの涵養）・社内情報発信

全社のリーガルマインド向上のために，法務部門は最新の法令（改正）についての情報提供やまた，社員のための法務教育（社員研修）を行うことも多い。少人数の規模の法務部門では日々の業務に追われる中での，これらの情報発信・啓蒙活動はしんどいものがあるが，繰り返し継続して行っていくべきである。

一定以上の規模の会社の場合，人材開発を行うセクション（人事部等）があり，昇級のタイミングで実施する社内研修において，コンプライアンス教育（法務教育）が行われることも多い。そのような機会に法務部門と協力することは当然として，その他営業向けに契約書に関するセミナーや独禁法セミナーを実施する等，法務部門として社内啓蒙に勤めていくべきである[*3]。

*3　高石義一氏は，「企業法務部門が現在直面し，将来においても，容易に打ち砕けないナット・シェルは，企業内に支配的に存在する日本的法意識をどのように改善していくかという問題である。法律家の思考あるいは健全な法意識は，事象を原理的に把握し，その原理に従って物事を処理していくことである。他面，法的処理には現実的な判断も不可避であるが，それは右の法原理を踏まえて，その原理と整合性が保たれる範囲で許されるべきことである。ところが，日本人は，物事を原理的に把握し，短期的な利害を犠牲にしても，法の原理

に従って行動すると言うことが得意でない国民である。得意でないというよりも，そのような思考は，融通性を書くとか臨機応変でないとして軽蔑されさえする。このような法意識を確立するためには，根気よく社内法律教育を行いながら，他面，社内に生起する主要な法律問題には絶えず眼を光らせ，違反に対しては厳しい処置をとる等，飴と鞭の併用が必要である」（高石義一「法務問題の現在と将来」判例タイムズ434号（1981年）27頁））と論じる。30年以上前の論述であるが，そのまま現在にも当てはまるのではないだろうか。

Ⅲ　他部門（営業，財務，経営企画室，人事部等）との協同

　Ⅱで述べた具体的な法務業務については，企業によってはそのすべての業務を法務部門が扱っている（主管となっている）わけではない。次に述べる業務等は他部門が主管となり，法務部門は関与にとどまる場合も比較的多いのではないか。

▶1　株式業務

　上場会社の場合，株主総会業務の他に株式業務も一定のウエイトを占める。変動する自社株主の管理や定時株主総会の招集・運営手続，配当手続等が主な株式業務である。企業によっては，社員持株会や取引先持株会の管理業務も対象となる。
　株式業務は重要な法的業務であるが，いわば定型業務であり，株主名簿管理人や外部の専門会社（招集通知書の作成を請け負う印刷会社等）と協働してある程度無難にこなせる業務であることから，株式業務については，総務部門が主管となる企業も多い。株式業務を遂行するに際しては，会社法・金融商品取引法等の関連の知識も当然に必要となるが，定型的な手続が多く，法務部門以外の部門が主管となることも多いのである。
　なお，法務部門以外の部門が主管となる場合でも，非定型的な業務が発生した場合に当該部門から法務部門へ照会がされることが多い。近年は株主総会の電子投票制度や株券電子化等のIT技術による業務手続の変化や「犯罪による収益の移転防止に関する法律」に基づく株主本人確認等，株式業務の内容も大きく変化している。

▶2　債権管理・回収業務

　通常は，債権管理は経理・財部部門が担当し，債権回収業務は法務部門が担当することが多いと思うが，債権回収業務も経理・財務部門の主管とする企業もある。この場合でも，倒産時の債権回収のように否認の可能性の有無の判断や有効な回収方法の判断等，法的な判断が必要となる債権回収の場合は，当該部門からの依頼により法務部門が協働することも多い。

▶3　知的財産権関連業務

　メーカー以外の企業の場合，法務部門が知的財産権関連業務を主管することも多いが，メーカー（特に大手）においては知的財産部を置く場合が多く，その場合は同部門が主管部門として担当する。ただし，共同出願契約，共同開発契約，秘密保持契約等の知的財産権に関する契約については，法務部門は知的財産部と連動して審査業務等を行うことも多い。
　当社の場合は，知的財産権に関する契約は知的財産部門が一次的に審査・作成するが，相手方に契約提出する前には必ず法務部門の審査を要することとしている。

▶4　労働法関連業務

　各社各様であるが，労働関連法令および同業務の主管部門は一般的にはやはり人事部門であり，法務部門は関与にとどまることが多いと思われる。当社の場合でも外部の弁護士事務所へ労働法関係の相談に行く場合には，必ず法務部門へ事前連絡があり，案件によっては法務部員が人事と同席することもある。

しかしながら，たとえば公益通報者保護法についてはコンプライアンス問題が密接に関わってくるし，また労働承継法（「会社分割に伴う労働契約の承継に関する法律」）は，その理解の前提として会社法の知識が必要となるし，また近年問題となっている偽装請負問題への対応についても民法等の理解が前提となる。さらに2012年（平成24年）の労働契約法改正（①雇止め制限法理の成文化（19条），②有期労働契約が通算5年となった場合の無期労働契約への転換（18条），③有期雇用労働者と無期雇用労働者の労働条件についての不合理な相違の禁止（20条））や同年の労働者派遣法（「労働者派遣事業の適正な運営の確保及び派遣労働者の保護等に関する法律」）改正（①日雇派遣の原則禁止（35条），②グループ企業内派遣の8割規制（23条の2），離職した労働者を離職後1年以内に派遣労働者として受け入れることを禁止（35条の4，40条の9（当面は40条の6））等）等，労働重要法令の改正も相次いでいることから，法務部門のサポートが従来以上に必要となってきている。

▶5 コンプライアンス関連業務

　内部統制やコンプライアンスに関する業務は，前述のとおり（本書96～97頁）非常に対象が広く，どの部門が主管となるかは，各社によって対応が分かれている。これらの業務については，法務の能力は絶対的に必要であり，各社とも必ず法務部門も関与していると思うが，各社の社風・規模によって法務部門の関わり方はさまざまである。法務部門が直接これらの業務を担当する場合もあるし，法務部門とは別のコンプライアンス専門部門（コンプライアンス部，CSR部等の独立の部門を設ける場合や，総務部や経営企画部内にコンプライアンス部門を置く場合もある）を備えている場合も多い。当社の場合，内部統制・コンプライアンス専門部門を設置するとともに，法務部員が同部門員を兼務している。

各論

第1章

法務部門の立ち上げ

新たに法務部門を立ち上げた場合，また立ち上げようとする場合には，まずは①法務部員を確保して，次に②書籍等のツールを揃え，③外部法律事務所を選定することが最低限必要である。
　ここでは，私が実際に法務部門の立ち上げに関わったD社とN社について，入社後どのように法務部門を立ち上げていったかについて述べる。

I　D社の場合

　D社は，日本の会社2社（商社，新聞社）とアメリカのIT会社のA社（「ユー・ガッタ・メール」で有名な当時世界最大のプロバイダー）1社の計3社で1996年に設立された合弁会社が前身である。D社の設立時の日本側とアメリカ側の出資比率は50：50であったが，スタートから米国A社の子会社の位置づけであり，すべてのスタッフ・幹部はアメリカ側が採用・派遣しており，実質100％外資に近い会社であった。したがって，法務部門の必要性は十分に理解してはいたが，D社自身には法務部門は設けず，担当者がアメリカ本国の法務部の指示を受け，また国内での日常の案件は外部の弁護士事務所に業務を丸投げしている状況だった。
　2000年（平成12年）9月に日本の携帯電話会社ND社と米国A社は，固定網および携帯電話の連携サービスの提供を目的として提携することとなり，2000年末にD社の株式をND社が日本の株主2社から一部取得して42.3％で筆頭株主，アメリカのA社が40.3％，その他日本の新聞社と商社の計4株主の体制でND社の子会社として再スタートを切った。
　私は，その再スタートのタイミングでD社に入社したが，入社後に新たに法務部門を作ってほしいとのことで，文字どおり法務部門作りを一から始めた。まずはそれまで各部門がそれぞれ弁護士事務所に業務（主

に契約書の審査・作成）を丸投げにしていた体制を改め，法務業務をすべてまずは私に依頼するように改めた。そして，法務部門がないことをよいことに，法外な報酬を得ていたある渉外事務所（D社と会員との間のちょっとしたトラブルの和解書（日本語A4で1～2頁）の作成だけで100万円請求されたこともあった。）を切り，新たに信頼のおける法律事務所に業務を依頼するようにした。当時は毎日10通から20通の契約書を審査・作成していた。日々の膨大な契約業務をこなしながらも，いくつかの契約書ひな形を作成しイントラネット上にアップして，まずは自社ひな形を利用して相手方に提供するよう，各事業部に働きかけた。

D社はインターネットプロバイダー事業を主業務としており，新規会員獲得のためのプロモーション活動が重要な業務であり，そのためには景品表示法の知識・理解が必要であるにもかかわらず，D社には全社的にその認識がなかった。そこで，景品表示法に基づきプロモーション活動に一定の基準を設けて社内に周知することが必要であり，いわゆる「オープン懸賞」，「ベタ付け景品」という景品表示法に基づく景品の制約の教育から始めた。これらの規制をわかりやすく一覧表にまとめ，イントラネット上で全社に配信することにした。

さらにD社は，携帯電話を通じたインターネット接続"移動通信網"と，A社とISP契約を結んだパソコンからのインターネット接続"固定通信網"を統合したサービスとして，2001年（平成13年）6月に，A社のメールをパソコンでも携帯電話端末でも閲覧できるサービスの提供を始め，その後メールだけでなく，インスタント・メッセージやオンライン・アルバムなどもパソコンと携帯電話端末で共有できる画期的なサービス（通常のインターネット接続サービスに加えて，パソコン向けとND社の携帯電話向けのサービスを融合させたサービス）の提供を開始した。スマートフォン全盛の現在からすれば何とも思わないかもしれないが，当事は斬新なサービスであった。しかしながら，獲得会員数の伸び悩みに

より，代わってアメリカのＡ社が実権を握るようになった。Ｄ社の株主であるＡ社の法務部門は日本において景品の制限があることを理解しようとせず，私に黙って日本の大手渉外事務所に相談をした後に，お前のいうことは正しかったといわれたこともある。なおND社が筆頭株主であるにもかかわらず，ND社の法務部門はＡ社に遠慮してのことか，何らＤ社に口を挟まなかった。私はもっぱらＡ社の法務から指示を受けるだけとなった。

　Ａ社がＤ社の実質を支配するようになってからは，私の英語力のなさから十分な成果をあげることができず，結局入社後わずか１年半でＤ社を去ることとなり，最低限の法務機能を立ち上げるだけに終わってしまった。Ｄ社は，その後2003年（平成15年）12月にＡ社の100％子会社となった後，2004年（平成16年）７月に営業を他の電気通信事業者に全部譲渡して，解散した。

Ⅱ　N社の場合

　N社は現社長が一代で築いたワンマン会社であるが，上場（まずは東証二部）するに際し，法務部門が必要であるということで新たに設置する法務部の部長の約束で入社した。それまで法務業務は司法試験の受験経験のある某取締役が担当していたが，社長としては彼では法務部門長として限界があるため外部から法務の専門家を採用したいとのことであった。ところが入社してみると，社長の気まぐれか，はたまた某取締役のわがままか，従来どおり彼が法務の責任者を継続するとのことで，私は入社初日から営業部へ配属されてしまった。数ヶ月経た後，某取締役から，「とりあえず，契約書の作成や審査もやってみろ。」とのことで時々法務業務を任されるようになり，入社後1年半経過後にやっと法務担当部長となることができた。しかし，入社の際の約束では，部下として2名の法務部員がいるはずだったのが，実際には部下は1人でしかも彼は総務部員を兼務していた。

　法務担当部長になって，従来某取締役が担当した契約業務のほとんどを扱うこととなった。そこで，まずは過去に締結した契約書をデータベース化し（といっても，イントラネット上でフォルダー分類して管理する位で検索まではできなかった），併せて各種契約書のひな形を作成した。しかしながら，N社はワンマン社長とその大番頭の某取締役との強圧的な体制であったので，イントラネットでひな形を全社員に周知するまではとてもできなかった。

　また，N社は調剤薬局を経営しており，患者の処方箋を数多く保有する等，個人情報の中でも特にセンシティブな情報を有するため，私は個人情報保護法の全面施行（2005年（平成17年）4月1日）に合わせ，個

人情報取扱規程を策定し，情報管理のための社内体制を整備したが，同社は個人情報に対する意識が低く，規程等を決済する際の取締役会で社長は，「個人情報保護法なんて面倒なだけだ」と発言し，顧問弁護士兼監査役もその発言に同意するなど，コンプライアンスにはほど遠い会社であった（そもそも顧問弁護士が同時に監査役でもあるというのは聞いたことがない）。

　また，N社の100％子会社であるジェネリック医薬品（後発医薬品。特許が切れた医薬品を他の医薬品会社が製造・供給する医薬品）の製造会社において，定時株主総会で再任（重任）されたばかりの某取締役を，再任の数日後に社長の一存で解任しようとしたことがあった。取締役の解任は理由を問わず自由であるが，正当な事由がない限り損害賠償請義務が発生する（会社法339条）。当然のことであり，この規定を説明したが，社長はじめ他の取締役は，「正当理由はある」の一点張りであった。どうやら，当該取締役の言動が社長の逆鱗に触れたのが原因であったようだが，解任理由は当該取締役の任務懈怠としていた。そうであれば後の紛争（裁判）に備えるためにも，解任手続が適正になされたことの証拠として，臨時株主総会に公証人に立ち会ってもらい事実実験公正証書を作成しておく[*1]等のさまざまな提案を行ったが，結局法務部長である私に知らせることなく，いわば欠席裁判で当該取締役を解任した。その後当該取締役は子会社を訴えたと聞いたが，私には詳細は一切伝わらず（訴状すら私の目に触れないようにした），後日噂で和解により裁判が終了したことを聞いた。

　N社では孤軍奮闘して，東証二部上場のための法務面からのサポート（東京株式懇話会，特防連への入会と所轄警察とのネットワーク作り等）を行い，東証二部上場（2004年）後，最初の定時株主総会のための法定書類作成や想定問答の作成・総会リハーサル等を指導し，最低限の社内体制整備を行い，上場後初の定時株主総会を指揮した上で同社を去っ

た。残念ながら最後まで経営（ワンマン社長）の信頼を得ることができず，法務部門の組織作りという希望は満足に果たせなかった。N社を退社後に，同社の常務取締役から私の労をねぎらう心のこもった残暑見舞いをいただいたのが，わずかな救いであった。

　後日，私を法務部長として招聘したのは，「上場に際して法務部門があった方が望ましい」とコンサルティング会社からアドバイスを受けたからであったことを人づてに聞いた。私の退職の約1年後に元部下も嫌気がさしてN社を退職しており，その後は（現在は知らないが），同社には法務部門は存在しないようである。

　　＊1　「法律行為以外の私権に関する事実も，公正証書の対象となる。私権とは，私法上の権利である。私権に関する事実とは，広く私権の得喪変更に直接，間接影響を及ぼす事実であると解されている。行政先例は，私権に関する事実の例示として次のものを上げているが，これに限られるものではない。
　　　　①　人の出生，生存，死亡等
　　　　②　身体，財産に加えた損害の形状，程度
　　　　③　動産，不動産の品質，種類，大小，形状，数量，現存状態等
　　　　④　会社，組会の総会の議事
　　　　⑤　支払停止の状況等
　　　　⑥　動産，不動産の占有の状況等
　　　　⑦　財産目録の調整
　　　公証人は，自らが五感の作用により直接体験した私権に関する事実について公正証書を作成することができるのであり（〔公証人〕法35条），このような法律行為以外の私権に関する事実について作成する公正証書を事実実験公正証書」という（日本公証人連合会編『新訂公証人法』（ぎょうせい，2011年）66頁）。
　　　筆者は，その後の裁判に備え，株主総会の議事の立会見聞に関する事実実験公正証書を作成しようと考えたのである。

第 2 章

法務部員の確保

I　法務部員に必要な能力

▶1　ビジネスマン共通の能力

　法務部員も組織の一員である以上,「表現力・コミュニケーション能力」,「企画力」といったビジネスマン一般に必要とされる能力を要することは当然である。法務部員とは,「法律に精通した正しいビジネスマンであり, そのためには常にアンテナを張っていなければならない。」(当社の親会社の法務部担当役員の御言葉)。

(1)　表現力・コミュニケーション能力

　法的な問題を社内の他部門と共有する際（会議, 法律相談, 法的指導・助言等さまざまな局面がある）に, 法務部員は得てして専門用語を用いて応答してしまい, 相手方の理解が不十分な場合がある。たとえば,「○○の場合は, 当社に損害賠償責任が生じることがあり, その損害額は相当因果関係の範囲内の損害である。」といった具合である。また, 不用意に「瑕疵担保責任」,「危険負担」といった法律用語を説明もせずに, 所与の前提として話すこともありがちである。

　事業部門と話をする場合には, 可能な限り, 法律用語そのものの使用は避けるべきである。そして法務部員が法律問題・法律用語をわかりやすい言葉と表現で相手方に説明し, 納得してもらうためには, 十分な表現力・コミュニケーション能力が必要となる。この表現力の中でも, 文章能力は大切である。文章能力は, 社会人に共通して求められる能力であるが, 企業法務にとっては特に重要となる。企業法務の中で通常最大

のボリュームを占める契約業務において，わかりやすい，誰が読んでも同じ解釈となる契約書を作成することは非常に重要であるし，その他の法務業務もそのほとんどが文書によって行われるからである。言い古されたことではあるが文章能力は読書量に比例する。

また，たとえば他社と契約交渉を行う場合，通常は営業同士の交渉となる場合が多く（法務 to 法務の交渉となるのは，よほど重大な案件や話がこじれた場合等に限られる），この場合も法務は契約交渉を行う自社の営業のバックアップをする立場になるので，営業に対してわかりやすい指導・助言が必要となる。

コミュニケーション能力を実際にどうやって身につけるかは，難しい問題であるが，各種の書籍を読んだり，自分自身工夫するなりして能力を身につけていくしかないと思う。なお，コミュニケーション能力そのものに関する書籍ではないが，その前提である人間関係に関する書籍として，D・カーネギー『人を動かす〔新装版〕』（創元社，1999年）はおすすめである。また，法律実務家のためのコミュニケーション論に特化した加藤新太郎編・羽田野宣彦＝伊藤博著『リーガル・コミュニケーション』（弘文堂，2002年）も参考になる。

(2) 企画力

企業法務の重要な目的の一つは，業務において想定しうる法的問題点・法的リスクを回避することである（契約業務がその身近な例の一つである）。法務部員としては問題点・リスクを見つけて指摘するだけでは足りず，その問題点をどのように解決し，リスクを回避するのかについて，具体的な方法・代替案を考え出して社内に向け提案しなければならない（事後設立と賃借権についての弁護士証明（本書129頁参照）等）。

(3) 交渉能力

　企業は，いろいろな営業活動や事業活動（営業だけではなく，事業のために必要となる不動産の賃貸借，資機材の売買等も数多くある）を行っており，その際に，(1)で述べた表現力・コミュニケーション能力を基礎とし，発展させた「交渉能力」が必要となるのは当然である。

　法務部員にとって，まず必要となる交渉能力は，契約における交渉能力である。取引先と契約交渉をする場合，営業マンだけが取引先と交渉をするとは限らない。特に企業にとって重要な契約を締結するには契約締結前から法務部員が契約交渉に参加することも多いし，また必要である。無事に契約が締結された後も，契約を履行する上で，トラブルやクレームが生じることもあり，これらにうまく対処していかなければならない。いかにうまくトラブルやクレームを解決し，損害の発生を防ぐ（少なくとも最小化する）かが重要であり，問題の交渉における法務部員の役割は大きい。その他にも，反社会的勢力と交渉しなければならない場合もあるし，取引先が信用不安状態や倒産状態に陥った場合の債権保全・債権回収の場合も相手方との交渉能力が必要とされることが多い（加藤新太郎編・柏木昇＝豊田愛祥＝堀龍兒＝佐藤彰一著『リーガル・ネゴシエーション』（弘文堂，2004年）140頁「第4章企業法務の実務における交渉」（堀龍兒）参照）[*1]。

　また交渉能力に関連して，バランス感覚も必要となる。交渉に当たっては，自己の要求を一方的に相手方に押しつけてそれを達成することはありえない。いわゆる「落としどころ」を見出すためには，優れたバランス感覚が必要である。

　ところで，交渉能力を身につけるために，数多くの書籍が出版されているが，筆者は，①齋藤孝＝射手矢好雄『ふしぎとうまくいく交渉力のヒント』（講談社，2009年）と②大橋弘昌『負けない交渉術——アメリカ

で百戦錬磨の日本人弁護士が教える』（ダイヤモンド社，2007年）の2冊をおすすめしたい。

　まず①の『ふしぎとうまくいく交渉力のヒント』は，中国法務の第一人者の射手矢好雄弁護士がハーバードで学んだ交渉術を，コミュニケーション技法を専門とする齋藤孝明治大学教授との対話の中で，わかりやすくかつ具体的に説明している。企業法務の実務のみならず，あらゆる対人関係に活用できるヒントが満載されている。次に②の「負けない交渉術」は，日本企業の在米現地法人を中心に100社以上のクライアントを有する売れっ子のニューヨーク弁護士である大橋弘昌氏が，過去に行ったアメリカ企業との交渉事例を守秘義務の範囲内で紹介しながら，「日本人だから体得できるオリジナルな交渉術」についてわかりやすく説明した好著である。「ある巨大事務所の弁護士Bさんと交渉していたときのこと。当事務所のクライアントはX社。ITサービス会社だ。顧客であるY社にITサービスを提供することになった。Bさんは，Y社の代理人だ。自分が一流ロースクールで学んだ洗練された表現にとことんこだわっている。こちらが用意した契約書の中に，Bさんは自分なりの表現をちりばめようとする。日本語で言う『てにをは』の類までいちいち変更してくるのだ。おまけに変更した理由を逐一，延々と説明している。BさんのクライアントY社の利益には，関係のないことばかりだ。……こういった契約書の表現の変更は，支障のない限りどんどん受け入れる。Bさんは，こちらが要求を呑むと，勝ち誇った表情をする。私はそれを気にしないようにする。むしろこちらも喜ぶ。それと引き換えに，大事な争点について譲歩させることができるからだ。」（同書87頁）。

　　＊1　交渉能力を取得するには，①十分な見識（物事の事理を判断するのに必要な見識と，法務部員の場合はさらに専門である法律に対する見識も必要）と②豊富な経験（「交渉の過程のなかで，いままでの経験からみて，ここはこう判断して，このような結果となる，という判断

や予測をつけるという」経験）に加えて，有力な人脈が必要（法務部員の場合は，「弁護士などに多くの知り合いがいれば，それが相手方であっても，交渉が円滑に進んでいくことが多くある。」）である（同書142頁～143頁）。

▶2 法的能力

法務部員にとって，他の社員と異なり，法律の専門知識が必須であることについてはいうまでもない。それでは，実際に企業法務を行う担当者はどのような経歴（素養）をもつのだろうか。

(1) 法学部卒業者（司法試験経験者含む）

従来，法務担当者は法務専門職として外部から直接採用されることは少なく，主に大学法学部出身者が入社後（他部門を経験後）に社内異動で法務部門に配属されることが多かった。ただ，一部では新卒者を直接法務部員として採用する企業もあり，Ｓ社では，1990年代に新卒学生向けにOES（オーダーエントリー）システムという人事制度を採用し，「法務職」その他の専門職として学生を採用した時期があった。Ｓ社以外でも，学生に対し選考段階で第一志望の職種（たとえば法務）を本人に申請させ，入社時に第一志望の職種に配属させるという制度を採用していた企業もいくつかあった。

一方，中途で法務として採用される場合は，法学部出身であることが前提で，司法試験受験経験者が優先的に採用されていたと思う。筆者がＳ社に入社した平成元年当時は，法務として採用する場合に，「司法試験択一合格者又はそれと同等の実力のある者」といった募集要項を設けている企業を複数社見たことがある。

一般的に日本の企業は，これまでは法学部を出た優秀な者を法務部員として育てれば足りると考えていた。これは，従来は弁護士等の法律実

務家の絶対数が圧倒的に少なく（したがって，採用することが困難），法科大学院も存在しなかったことが一因であると思う。

　この点について，つぎのような厳しい意見があるが，参考になる。「日本の企業法務部門を日常的に支えるのは，弁護士以外の法務部員スタッフが多い。そうした弁護士以外の法務部員という『法律専門職』が，欧米の社内弁護士に比べて高い水準の法的サービスを提供しているとはいえない。もちろん，能力には個人差があり，資格がすべてではない。実力さえあればいいのだ。しかし，その実力は，受けた教育や訓練によって違ったものになる。たとえば，国際取引交渉で，米国弁護士と日本の法務部員との間には，契約交渉に関する体系的な教育を受けているか否かの違いがある。また，その契約交渉が決裂して紛争に発展した場合にどうなるか，ということまで深く理解して対応しているか否かについても，違いがある。」（浜辺陽一郎『弁護士が多いと何がよいのか』（東洋経済新聞社，2011年）23頁）。

(2) 法科大学院修了者

　法科大学院修了者は，一般的に従来の法学部卒業生より法律実務に関する十分な訓練・教育を受けており，法学部卒業者より法務部員としてふさわしいといえよう。法科大学院の学生は，「幅広い法理論から弁護士倫理まで，いろいろな科目で複眼的思考力を学ぶ。その課程で，法廷実務における知識を基礎的な素養としながら，法廷外の予防法務や問題解決能力」についての十分な教育を受けているともいわれる（浜辺陽一郎・前掲『弁護士が多いと何がよいのか』23頁）。[*2]

　新司法試験では，旧司法試験の受験科目であった「憲法，民法，刑法，商法（会社法含む），民事訴訟法及び刑事訴訟法」に加えて，行政法が必修科目となり，さらに専門的な法律の中から1課目が選択科目となっており（倒産法，租税法，経済法，知的財産法，労働法，環境法，国際関係

法（公法系），国際関係法（私法系）の全8課目の中から選択），企業法務の実務に直接役立つ法律を学んでいる。

しかしながら法科大学院修了者であっても，社会人を経験して法科大学院に入学した者は，相応の年齢となっており，法学部卒業生を新卒者として採用する場合と比べてどうだろう。企業側としては，大学卒業後ストレートに法科大学院を卒業した20代の学生であればともかく，単に法科大学院を修了しただけ（新司法試験に合格した者であっても，実務経験がない点では同様である）の一定以上の年齢（特に30歳を超えた修了者）の者を，ただちに法務部員として採用することには躊躇するかもしれない。30歳以上の者を法務として中途採用するのであれば，弁護士として実務経験のある者か，法科大学院を卒業していなくても，すでに企業法務の経験が数年ある者を採用したいと考えるのではないだろうか（最近では，四大法律事務所に所属する若手弁護士（30歳くらいまで）の中にも企業法務への転身を希望する者が増えている）。

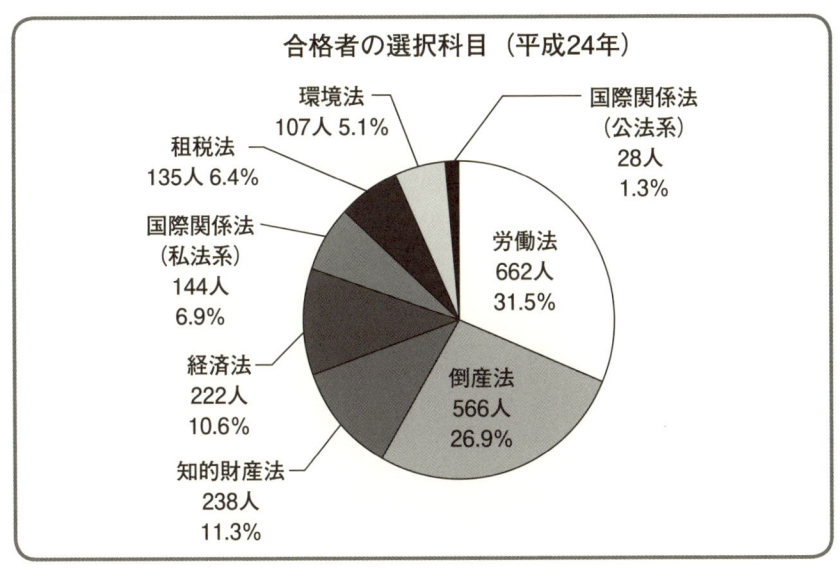

合格者の選択科目（平成24年）

- 環境法 107人 5.1%
- 国際関係法（公法系） 28人 1.3%
- 租税法 135人 6.4%
- 国際関係法（私法系） 144人 6.9%
- 経済法 222人 10.6%
- 知的財産法 238人 11.3%
- 倒産法 566人 26.9%
- 労働法 662人 31.5%

（新司法試験合格者の選択科目——法務省HPより）

ところで，法曹資格を有していない私ごときが意見表明するのはおこがましいが，新司法試験を目玉とする今回の司法制度改革は，不十分な改革だったのではないだろうか。まず感じるのは，①法科大学院を卒業することを新司法試験の前提としたにもかかわらず，既存の法学部を残したことと，②法科大学院の数が多すぎることの2点である。

アメリカのロースクールを模範としたはずが，なぜ既存の大学法学部を残したのだろうか。法科大学院と法学部が併存するため，各大学レベルでは従来より法学部の定員を少なくする等，学生数の調整を図っているが，法科大学院を卒業することが司法試験受験の前提としたことにより，法曹となるためには，法学部を卒業してさらに法科大学院へ進まなければならず（法律学習未経験者向けの未習者コースもあるが），多様な人材（法学以外の学科の学位修得者）の確保という新制度の目的から乖離していると思う。多様な人材を求めるのであれば，法学部は廃止すべきではないか。実際，法学部で4年，法科大学院でさらに2年（既修者コース）〜3年（未習者コース）というのは長すぎると思う。また，法務省と文部科学省との二つの管掌役所があったため，想定以上の大学が法科大学院へ算入したことも問題である。大学によっては優秀な人材と教師を集めることができないことが当初から予想されたわけであり，予想どおりそのような法科大学院の淘汰が始まってしまった。

また企業法務の立場からすれば，企業法務経験者に司法試験受験の段階で，何らかのインセンティブがあってもよいと思う。新制度では，司法修習生となる資格を得た（＝司法試験合格）後に，「一定の事務を処理する職務（いわゆる『企業法務』の担当者等）に従事した期間が通算して7年以上になるものは，司法修習を終了することなく，弁護士となることができる」とされる（弁護士法5条2号）が，これは司法修習を受けなくてよいというインセンティブである。司法試験は，あくまでも法曹の適性をはかる（適性ある者を合格させる）ものであり，司法修習を終

了することにより法曹としての能力を担保するはずである。その法曹としての能力の担保の部分だけ企業法務に求める（アウトソースする）のはいかがなものだろうか。

そうであれば，そもそも法曹適性の判断も企業法務に求めてもよく，一定年数以上の企業法務経験があれば，法科大学院へ優先的に入学することができるとか，さらに進んで司法試験を免除する（または少なくとも試験科目を一部免除する）といったインセンティブが企業法務経験者に与えられてもよいのではないかと思う。

> ＊2　法学部教育と比較して，法科大学院の教育には次のような特色がある。まず教育内容であるが，従来の法学部教育では「制度紹介としての法学に力点が置かれてきた。企業に勤務してからの教育や訓令を前提にできるのであれば，素地としては十分なレベルである。これに対し，法科大学院では『法を利用する』ことを意識した教育，紛争事案などで法の利用を考え，問題解決を提案する能力の育成に重点が置かれ」ている。次に書く能力の訓練がなされることである。「法科大学院では書く訓練が少人数のクラスで徹底して行われ」ている（大橋洋一「企業法務を担う人材と法科大学院教育」Business Law Journal 2012年10月号5頁）。

(3)　弁護士等（含資格保有者）企業内士業

いわゆる社内弁護士[*3]等である。司法試験合格者優先枠[*4]のない時代（1995年（平成7年）以前）は，司法試験合格者は400人～700人と少数であったために弁護士の絶対数は少なく，また弁護士も企業内弁護士を希望する者は少なかった（困難な司法試験に長年投資して多大の経済的・精神的投資を行ってきた弁護士には，並みのサラリーマンにはなりたくないという強烈な意識があり，自由業志向が強かったといえる）。また，企業側の事由として，終身雇用性のもとで年功が重視されてきた企業体

質のなかでは弁護士資格に対して特別の待遇をすることはむずかしく，弁護士のような特別職の扱いに対して心理的抵抗があったこともある。

このような理由から従来は，企業側が弁護士を法務担当として採用することは極端に難しく，結果として企業内弁護士（有資格者含む。以下同じ）は極端に少なかった。つまり弁護士資格のない人員で構成される法務部門が大半であり，各企業は法務スタッフを内部調達によっていたのである。しかしながら合格者が増大した近年では，弁護士を法務部員として採用する企業も，大企業を中心として増えている。

*3 「社内弁護士」の呼び名の他に，「企業内弁護士」，「組織内弁護士」とも呼ばれる。日本法に基づく会社の他に，外国会社の日本支社，特殊法人，公益法人，事業組合，学校法人，国立大学法人等を含むときに，企業内弁護士，または組織内弁護士と呼ぶようである。

　本書では，企業に属する弁護士（会社（特に株式会社）との間で雇用関係にある者）を「企業内弁護士」または「社内弁護士」のいずれかで呼ぶ（同意で用いる）。また，日本の弁護士および弁護士資格を有する者であり，かつ「法務部門に属する」者を主な対象とする（弁護士には，外国弁護士等は含まない）。

*4 優先合格枠制度
　旧司法試験において，論文式試験合格者の一定数（約200人）を受験期間3年以内の者だけから決定するとした制度。司法試験合格者の高齢化が問題視され，若手を優先的に採用することを狙いとした制度であり，「丙案」とも呼ばれた。平成8年からスタートし，新司法試験の施行を前に，平成14年を最後に廃止された。たとえば合格者がその年に1000名であったときに，下位の200名を受験開始から3年内の者から合格させるというものであり，受験開始から4年以上たっている者は，801番でも不合格となり，受験開始から3年内の人は，1500番程度でも合格するという制度である。若ければ有利であり，長年勉強を続けた者が不利になるということから，受験者間の不平等が問題視されていた。

ところで，企業法務にとって弁護士資格を有することは必要だろうか。北島敬之氏は，日本の商社，米系メーカー，英欄系メーカーでの企業法務の経験において，企業法務業務を行う上で，弁護士資格がないことで不自由を感じたことはないという。そして，企業法務に必要な人材の条件としては，「ビジネスの現場をどれだけ理解できるか，また，その理解に基づいて，自分のlegal backgroundあるいは使えるリソースを駆使して，問題を解決したり，提案することができるかがin-house legal counselとして必要」であるといわれる（北島敬之「企業法務を考える」NBL992号（2013年）37頁）。もっとも，同氏は中長期的に見れば，企業の法務組織を支える人材は，有資格者あるいは法科大学院修了者となることが望ましいであろうともいわれる。「資格」があることが必要ではないが，法学部卒の者よりも法的なバックグランドの厚みがあることを理由とされる。

(4) その他

法学部以外の学部卒業者で，これまで法律をまったく学んだことがない者がローテーションで法務部門へ異動することも，実は案外多い（6058人中1866人，30.8％。第10次実態調査報告より）。実際，筆者がいままで知り合ってきた法務部員の方で他学部の出身者の方も多くいたし，他学部卒で入社後一貫して営業をしていたが，法務部門へ人事異動して，その後法務部門長をされている方も複数いる（法務部員としての経験がほとんどなくても，いきなり法務部門長に任命する企業も少なくない）。法務部員として最低限の法律知識は必要であるが，法学部を出ている必要があるとまではいえない。S社時代の私の後輩も，法律とは畑違いの農学部出身者であったが，人事の安易なローテーション（大学院卒なので頭が良く，法務もできるだろうとの判断。結果としてその判断は正しかったが）で法務部門に配属となった。後輩はS社を離れた後も法務を続けて

おり，現在はある大会社の法務マネジャーをしている。

▶3　その他の能力

(1) 外国語

　ビジネスマン一般にとっていまや外国語能力が必要とされるのは多言を要しないが，法務部員にとっても外国語能力は必要であり，特に英語能力は必須である。企業法務においても，英文契約の比重は近年高まっている（中国，台湾，韓国，インド等の契約は，多くが英文契約である）。定型的な英文契約の審査であれば，法務としての基礎がある限り量をこなしてさえいけばとりあえず何とかなると思うが，法務として本格的な英文契約交渉の中心にいるためには，やはり会話力も含め一定水準以上の英語力が必要である。また，最近では各社とも中国との取引が増えているので，英語力の他に中国語の能力もあった方がよい。

　筆者は残念ながら，英文契約をなんとか審査しているレベルの外国語能力である。過去に唯一在職した外資系のD社では，入社に際しては「日本の会社であるので，英語はできなくてもよい。」とのことであったが，その後，アメリカ側の株主が主導権を握ることとなり，アメリカ側の株主から年下のロイヤーが上司として赴任したことにより，英語には随分と悩まされることとなった。「お前は法務としては優秀だが，お前の英語はビジネスには使えない。」といわれたこともある。

　外国との法務業務経験のあまりない筆者であり，偉そうなことはいえないが，企業法務としては，やはり最低限の英文契約の能力が必要である。ヒアリング能力・スピーキング能力といった会話能力があることは望ましいが，まずはリーディング能力が基本となる。リーディング能力があれば，何とかライディングもこなせるし，会話に関してはいざとな

れば，通訳を介在することで対応することができる。D社でも，必要な時には通訳（同時通訳級のハイレベルの方）を通じて契約交渉を何とかこなしていた。ただ，その場合でも，通訳の方は法律用語を知らないことが多いので，最低限の法律英語は自ら習得しなければならない（後述第6章Ⅰ4「(2) 英文契約」(本書205頁) の項参照）。

なお，大学卒業後，D社に転職するまでまったくといっていいほど英語を使っておらず，久しぶりに引っ張り出した英語の参考書が江川泰一郎『英文法解説〔改訂3版〕』（金子書房，1991年）である。遠い昔の大学受験時代に利用したものだが，今でも翻訳業の方や高校教師等に広く利用されており，現在日本で出版されている英文法書の最高レベルの一つと評価されている。

ところで，中国との取引の拡大に備えて中国語を習得するべきであるとか，逆に2012年（平成24年）は対中国という点で色々なことがあり，さらに暴動リスクが高まると中国からの一部撤退が加速し，他の東南アジア（タイ，ベトナム等）への企業進出が増えるだろうから，それらの国の言語を習得した方がいいという声も聞くが，いずれにしろ現地法制・弁護士等への対応には今後とも英文契約の知識が前提になるであろう。

(2) 税務・会計

M&A業務に関わる場合は当然である[*5]が，通常の契約業務・法律相談業務においても最低限の税務・会計の知識は法務担当にとって必須である。企業法務の対象となるすべての企業取引には，必ず法人税等の税金問題が関連してくるし，会社法，金融商品取引法，破産法・民事再生法等の理解のためにも会計の知識は不可欠である。また，債権管理・債権回収業務においても，取引先のBS／PLを読むことができなければ，取引先の状況が危なくなったときに，適切な対応をとることができない。

たとえば，取引契約において，資産を譲渡する際には当該資産の含み

益が実現されることで法人税が課税され，時価相当額より低い対価で資産が譲渡された場合には，その差額は無償の供与をしたとして寄付金の認定を受けることもあるので，これらの最低限の税務知識は，法務担当としても知っておかなければならない。

またグループ会社の組織再編（合併，会社分割等）においても，税務の観点が重要となる。組織再編税制共通の税法上の取扱いであるが，法人税法上は，組織の再編を通じて移転される資産も時価で譲渡したとみなされ，含み益のある資産については，譲渡益に対して課税されることとなる。この例外が，法人税法で定められた要件を満たす「適格」組織再編であり，適格組織再編の場合は，移転資産の帳簿価格をもって譲渡することができる（すなわち含み益のある資産の課税繰延が可能となる）。合併，会社分割，現物出資，事後設立，株式交換・株式移転という組織再編の法的な扱いは会社法で定められており，この分野は法務担当の得意とするところである。しかしながら，会社法の定義と法人税法上の定義は必ずしも一致しない。たとえば，会社分割を例にとると，会社法では，物的分割のみを規定しており，人的分割は「物的分割＋剰余金の配当（配当財産が株式）」という方法である。税務上は，物的分割を分社型分割，人的分割を分割型分割と呼び，それぞれに適格要件が定められている。これらの組織再編に関する基本的な法人税法の理解がないと，全社横断でグループの組織再編を行う場合，法務として完全な業務の遂行ができないこととなる。

これ以外にも，売掛債権が回収できなかった場合の法人税法上の貸倒れ損失の要件等について理解しておく必要があし，また，国際取引については，常に「移転価格税制」が問題となる。海外子会社との取引においては，恒久的施設（Permanent Establishment, PE）の問題もある（各国が外国法人の活動に対して課税を行う際の基本的判断基準となり，多くの国がPEをもつ外国企業に課税し，PEをもたない外国企業には課税しないと

いう考え方を採用している）。その他グループ内の企業取引について、税コストを回避（節約）するには、平成22年度税制改正で導入された「グループ法人税制」の理解が必要となる（以上，村田守弘＝加本亘『弁護士のための租税法〔第2版〕』（千倉書房，2010年）参照）。

　これらの法人税の理解のためには，会計（税務会計）の知識が必須となる。会計学については従来からわかりやすい基本書が多数あったが，最近では税法についても法務部員にとって馴染みやすい書籍が増えてきている。法務担当として，最低限の税務・会計の知識は習得しておきたい。

　　＊5　M&Aの際には，対象会社に対してさまざまなDD（デューディリジェンス）が行われるが，そのうちの会計DDは公認会計士を中心とする財務・会計チームが行うのが通常である。しかしながら，法務としても，それらの会計DDの結果を理解することができなければ，対象会社の法的リスクを正確にとらえることはできない。すなわち法務DDもできないことになるのである。

Column

　筆者は一時不動産鑑定士の資格取得を考え勉強したことがあり（資格取得には至らなかったが），受験勉強を通じて会計学・税法等を学んだことが法務業務において役に立った。また，不動産鑑定士のための勉強が直接実務に役立ったのは，前著『契約業務の実用知識』でも紹介した不動産に関する弁護士証明の件である（同書226頁）。S社時代に，国際的コングロマリットのM社とS社の合弁事業として，日本に食品ディスカウントチェーンを構築する計画が持ち上がった。M社とS社がオペレーション会社である合弁会社を設立し，S社の既存店舗を合弁会社へ営業譲渡するというスキームだった。営業譲渡の対価は合弁会社の資本金の5パーセントをはるかに超えたため，当時の法制度では検査役の選任が必要であった（旧商法246条1項・2項。会社法（平成17年法律第86号）制定に伴い，事後設立における検査役の調査制度は廃止された）。検査役の選任を回避するにはどうすればよいか（検査役を選任することとなれば，開業スケジュールが大幅

に遅延することととなり，合弁計画自体が頓挫してしまう可能性もある），M社の代理人弁護士も交えて検討を重ねたが妙案はでなかった。そこで私が，S社から合弁会社へ営業譲渡をする構成をとるのではなく，S社が閉鎖する店舗建物および土地賃借権を合弁会社へ譲渡するスキームに変更すれば，建物および賃借権について弁護士証明書（不動産鑑定士の証明書付）を添付することにより，事後設立に該当するが，検査役の選任は不要となる[*6]と提案した。結果この提案が採用され，合弁スキームを変更の上，合弁事業が無事スタートした。私がこの提案をすることができたのは，司法書士資格を有していただけではなく，当時不動産鑑定士の受験勉強をしており，賃借権が不動産鑑定の対象となることを知っていたからである。

◇◇◇◇◇◇◇◇◇◇◇◇◇◇◇◇◇◇◇◇◇◇◇◇◇◇◇◇◇◇◇◇◇◇

*6　旧商法246条3項・173条2項3号，平成2・12・25民四第5666号通達第一1(4)イ(ア)d。同通達は，「不動産鑑定士の鑑定評価に基づき弁護士が証明することができる不動産とは，土地若しくは建物又は地上権，地役権，採石権等をいう（不動産の鑑定評価に関する法律2条1項参考）。なお，土地又は建物の賃借権もこれに含まれるものとする。」と定める)。

(3) 会社に関する知識

以上，法務部員に必要な能力をいくつか挙げたが，これ以外に前提となる重要な能力が，勤務する「会社に関する知識」である。法務部員も社員であるので，会社に関する一定の知識は当然あるはずだが，会社に関する深い知識（自社の文化，事業内容，製品知識，市場動向等）が十分でなければ，適切な法律判断ができなくなるわけで，法務部門を置くメリットは，極端な話，コスト面だけとなってしまう（社員に法務業務を任せた方が，弁護士に依頼するよりも安価であるということであり，質については触れない)。

思うに，法務部門と弁護士の役割分担は，「事実認定」と「法律の適

用（解釈）」ではないだろうか。民事訴訟における弁護士と裁判官の関係に似ているともいえよう。事実認定が脆弱であり，誤った事実認定をすれば，間違った法律効果をもたらすことになる。私は5社・5業種の法務部門を経験し，それなりに企業法務についての業務知識・経験を得てきたが，逆に同年代の社員と比べ，勤務先に関する知識が足りないことが弱点である。法務担当者に中途入社者が増えている現状では，見過ごせない点である。

▶4　信頼される法務部員（法務部門）

　法務部門も結局は管理部門であり，ともすれば保守・保身的な判断を下しがちである。しかしながら，「そのスキームには無理がある。○○のリスクがあり，法的には無理である。」といって，リスク・問題点を並べ建てることで終わることは最悪であり，また逆に，相談された案件に対してはっきりとものをいわずに，「だいたい，いいんじゃない？」と曖昧な回答をしてしまうこともよろしくない。

　これでは事業部門の人間が，法務部門へ相談に行く気が失せてしまうし，また法務が案件をつぶすことにもなりかねない。かりにリスクがあるとしても，そのスキームを実現するためには，どのようにすればよいか，時にはスキームを変更する等，事業部とともにスキームを実現するチーム活動としての対応が法務部員にも求められる。「そのスキームには○○の点で法律上問題がある。それに対応するためには（そのリスクを回避するためには），○○とする必要がある。」というに具体的な対案を交えた説明をすべきであり，そうでなければ事業部門から信頼を得ることは到底できない。「法務に相談してよかった。」といわれるよう，いつも心がけなければならない。

　ところで，自社の利益ばかりを主張する法務担当が案外多いのではな

いだろうか。契約業務を例にとると、こちらから提出したドラフトに何でもかんでも公平の理念をもとにした修正を加えて返されることがある。たとえば、売買契約書案において、買主にのみ定めている期限の利益喪失条項を、売主にも適用するように修正するとか、売主にのみ適用されている損害賠償条項を、買主にも適用するように修正するとかである。実際には開示する秘密情報をもたないにもかかわらず、相手方にも秘密保持義務を課すよう修正されることもある。このような契約の修正は、一見自社の利益となり、またリスクを回避することにつながると法務担当者は考えがちであるが、実際はどうだろうか。

　売買契約における売主の義務は、その対象物を条件（納期、納入場所、指定数量等）どおりに売り渡すことであり、買主の義務は売買代金支払義務である。そうであれば、売主に対して期限の利益喪失条項の適用を要求することが買主にとってどれほどの意味があるだろうか。期限の利益喪失条項は、金銭債務に関するものであり、金銭債務を負担しない売主に期限の利益条項を要求しても、実際には意味がないと思う（将来の損害賠償義務としての金銭債務の可能性についてはひとまず置く）。また、損害賠償条項は買主にとってこそ重要なものであって、売主の買主に対する損害賠償は、買主が目的物の受領を拒否したことによる損害賠償くらいしか想定できず（売買代金債務についての損害賠償は想定しづらい。遅延利息請求くらいである）、買主に対する損害賠償条項をことさらに追加する必要はどこにあるのか。契約書のこのような修正ばかりに気をとられ、肝心のリスクを見落とすことがあれば、本末転倒であるし、契約交渉を無用に長引かせるだけである。

　以上、長々と述べてきたが、何のことはない、ほとんど私の反省（自己批判）でもある。

Ⅱ　部員のローテーション・中途採用等

▶1　ローテーション

(1)　実　態

　従来，法務担当者については，他部門に在籍する一般社員がローテーションにより配属され（大学法学部出身者をその対象とすることが多い），社内に適材がいない場合は中途採用によるというのが一般的であった。いまでも比較的多くの企業では，法務部門への配属を社内異動の一環として位置づけている。なお，法務担当者のローテーションは行わないとする企業（法務部員は専門家としての知識・経験が必要であり，現場経験がなくとも，法務業務を通じて十分現場（事業のこと）を知ることができるとの考えによる）もあるし，ローテーションをする場合でも「グループ会社間での法務部門間の異動」にとどめる企業もある。なお法務担当者のローテーションを行う場合でも，法務担当には専門性が要求されるため，実際には法務部門へ異動した後は，長期にわたり法務担当としてとどまることも多い。

　第10次実態調査（2010年（平成22年））によると，過去3年間に法務担当に異動があった企業では，異動先としては，総務（24.6％，362社中89社），関連会社法務（18.2％，362社中66社），営業（17.4％，362社中63社），経営企画（15.7％，362社中57社），（法務以外の）関連会社（13.0％，362社中47社），コンプライアンス（12.7％，362社中46社），人事・労務（11.9％，362社中43社）の順に多いようである。

ところで，営業等の非管理部門から初めて法務部門へ異動する場合は，まずは株式やコーポレイト部門（コンプライアンス部門等）の業務を経験させ，その後に法務業務を担当させる企業が比較的多いように思う。株式等の業務を通じて全社の組織の仕組みを知ることからスタートさせようとするためのようである。私がS社に入社した際にも，最初の配属は株式担当であったし，他社事例でもそのようなケースが多いようである。

(2) メリット・デメリット

法務部員のローテーション（ここでのローテーションは法務部門から他部門へ異動する意味で用いる）についてはメリットとデメリットがある。まずメリットであるが，法務部門で法務能力を身につけた人材が他の部門・事業部等へ配置転換されることにより，日常業務を通じて各所にリーガルマインドを広げる効果が得られることである。またデメリットとしては，法務部門全体としての能力の低下が挙げられる（法務部員メンバーをローテーションせずに長期固定しておけば，一般的にはそれだけ専門能力は向上すると思われる）。

一部の大企業では，法務部門で法務能力を身につけた社員を（元法務として）全社に計画的にローテーションをしているところもあると聞くが，法務部員が数名しかいない会社にとっては，法務部員のローテーションをどのようにするかは悩ましい問題である。

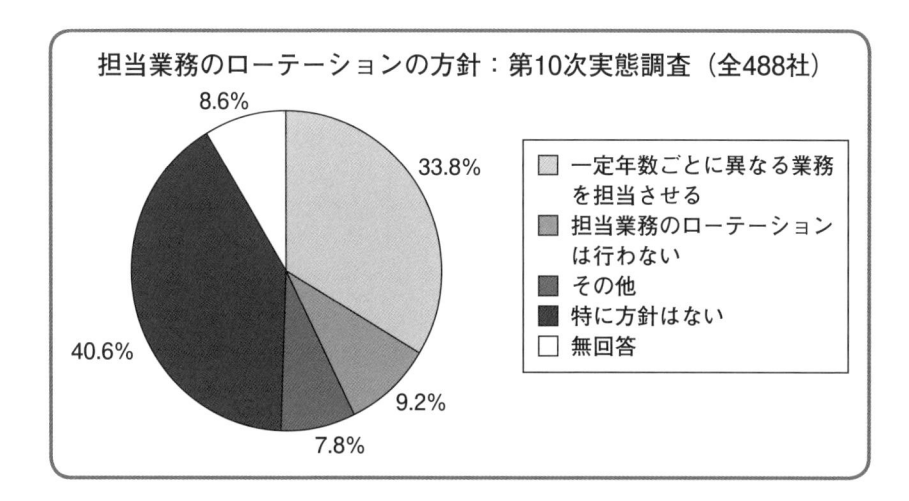

担当業務のローテーションの方針：第10次実態調査（全488社）

- 一定年数ごとに異なる業務を担当させる：33.8%
- 担当業務のローテーションは行わない：9.2%
- その他：7.8%
- 特に方針はない：40.6%
- 無回答：8.6%

▶2　中途採用

　法務部門の人員配置としては，一般にローテーションが主であるが，自社の内部に適正な人員がいない場合（経験年数，能力，年齢・世代間のひずみ等，理由はさまざまである）は，外部から調達，すなわち中途採用することとなる。

(1)　中途採用の実態

　法務経験者として中途採用者が在籍する企業の割合は，第7次実態調査（1995年（平成7年））では13％，第8次実態調査（2000年（平成12年））では28.8％（290社491人），第9回実態調査（2005年（平成17年））では39.6％（388社902人），第10次実態調査（2010年（平成22年））では52.5％（938社中492社1323人）と年々増加している。このことは，各社法務部門が重要案件へ関与する機会が増加し，適切な判断が求められることが多くなり，その機会に応えるために即戦力の人材が必要となったことと，その人材を供給する転職マーケットが充実してきたこと（特に企業法務専門の転

職会社の登場等）がその理由である（小島武司＝米田憲市監修・経営法友会法務部門実態調査検討委員会編著『会社法務部 第10次実態調査の分析報告（別冊NBL135号）』（商事法務，2010年）（以下「別冊NBL135号」という）15頁以降参照）。

(2) 中途採用の媒体・手段

法務部員を中途採用する際には，次のような媒体・手段を用いることとなる。

① 大学法学部の掲示板

最近の状況はわからないが，以前は大学法学部の学内掲示板に企業が直接法務部員の募集要項を掲載することがあり，この要項を見て入社する法務部員もままいた（実際に私も母校の掲示板でY発動機の法務部員の募集要項等を見たことがあるし，N社時代の部下も法学部の掲示板を見てN社に応募したと聞いた）。

② 一般的な人材紹介会社

最近は企業法務も就職する側から見て人気のある職種の一つであり，中堅規模以上の人材紹介会社に依頼すれば，比較的容易に企業法務希望者を紹介してもらえる。紹介された転職希望者の中から自社のニーズにあった人材を選べればよいが，応募者は一般に企業法務経験が浅い方が多いように思われる。また，法科大学院卒業者の応募もかなり増えている。

③ 法務専門エージェントの活用

近年は法務職を専門に扱っている転職紹介業者もあり，一般的な大手業者とはまた別の有効な採用媒体である。法務専門エージェントの場合，自社のニーズ（年齢・経験年数，希望年収等）に，よりマッチした人材を紹介してもらえるメリットがある。ちなみに，筆者の場合は，法務専門エージェントのL社の紹介により当社へ転職した。また，S社時代の後

輩も同じくL社の紹介で他社の法務へ転職した。

　④　インターネット転職サイト

　筆者は，過去に大手の転職サイト（R社，H社）を利用して2度転職したことがあり，利用する側（転職希望者）からすれば，手軽に転職先を探すことができると思う。ただ，その反面，採用する側からは，希望する人材を探すことが結構大変であるとも聞く。なおN社時代の部下は，インターネットサイトでN社から流通のD社に転職した。

　⑤　日刊新聞日曜版求人欄

　インターネットでの転職が全盛の時代だが，日刊新聞の求人欄は健在であろうか。私が初めて転職をしたころ（1990年代）の媒体は，就職情報誌（R社が出版していた）や日経新聞・朝日新聞等の日曜版がメインであったが，最近では費用対効果の点で新聞広告を掲載することは少ないと聞く。

(3)　中途社員の教育

　社内に法務部員が足りずに外部から法務部員を中途採用した場合，中途社員の教育も重要である。中途で法務部員を採用するのであるから，企業法務の一定水準以上の能力があることは当然であるので，ここで必要なのは，採用した企業についての知識・理解のための教育である。先ほど，法務部員には現場の経験を要しないとする意見もあると紹介したが，そうはいっても入社した企業のことを何も知らない中途社員であるので，可能であれば入社時に一定期間集中的に自社に関する教育を行うことが望ましい。1990年代には，中途入社後，メーカーの場合は半年〜1年の工場研修を経て，また流通業の場合は1年間の店舗勤務を経て，初めて法務部門へ配属するということを一部の企業では行っていたが，現在ではここまでの研修は難しいかもしれない。

▶3 他部門との兼務等

　法務部員の頭数を確保できない場合，他部門の人員（たとえば営業等）と法務部員を兼務発令するということも面白いかもしれない。法務専門部員は少数であるが，法務と他部門の兼務発令を行うことにより全社の法務力を底上げしようと工夫している会社もある。

　また，法務部門のパワー不足を補うために，社内弁護士を採用するにはいたらないが，毎週特定日（たとえば毎週火曜日等）に外部の弁護士を法務部門内に常駐させ，法務業務に対応している会社もある。その他，法務職の派遣社員も存在するし，法務職として派遣登録する人数は近年増えているようである。

Column

〈私の転職論〉

◎転職を考える上で大切なこと

　転職をする際には，自分は「何のために転職するのか」という軸をしっかりもつべきである。「今の仕事がつまらないから」という理由は心情的に理解はできるが，自分がその企業でどういう経験を積めるのか，どのように能力が発揮できるのかを中心に転職を考えるべきである。私の経験からすると，法務を大々的に募集する会社は，その後に業績が悪化することが比較的多いので，気をつけなければならない（ある年に就職情報誌等で大々的に法務の中途採用広告を出したいくつかの有名大会社はその翌年に赤字に転落してしまった）。各社とも社内に法的問題を抱えているので法務を強化しようとするのかもしれない（俗に危ない会社は財務（経理）が真っ先に退社するといわれるが，これに法務を加えてもよいと思う）。

　ところで，法務を中途採用する企業の多くは，①純粋に「企業規模の拡大に伴い法務部門の拡充を考えているが，社内には人材が不足している」場合や，②「事業規模が大きくなったからそろそろ法務も必要だろう」という程度の意識で採用する場合か，逆に，③「今後は事業の縮小が必要となり，その際には法務業務が必要であるからあらか

じめ法務部員を増やしておこう」と考える場合（また，会社の先行きを案じて既存の法務部員が退職したため，その補充が必要となった場合）のいずれかであろう。当然ながら，転職先は①の場合を選ぶに越したことはない。転職する際には，企業が中途採用をしようとしている理由を慎重に見極めた方がいい。

　一方，法務部門（法務機能）がしっかりと根づいている企業では，計画的に新卒採用者を育てるのが通常だから，一時的に法務部員の人員が不足していても，簡単に中途採用には踏み切らない。

　それでは自分はどうかといえば，偉そうなことをいえた義理ではないが，「現在の職場では経験できない業務を新しく経験したい」ということを大前提に転職してきたつもりである。しかしながら当然転職先との相性や個別の事情もあり，これまでの転職がすべてうまくいったわけではない。

◎好ましくない転職先

　「今後の事業展開や成長戦略をきちんと考え，自社にも法務のファンクションが必要だという結論に達したから採用する」という会社であればよいが，法務機能に対する理念はなく，そろそろ自社にも法務部門を設けようかという漠然とした思いで法務部門を新設し，法務担当を採用する会社も比較的多い。そのような会社では「法務を重視している」と口ではいうものの，プロパーの営業や財務・経理が社内で重視され，彼らの影響力が圧倒的に強かったりする。このような場合，他社で法務のキャリアを積み上げてきた人間が中途採用で入社しても，うまくマッチングしないこととなる。

◎転職するなら中途採用者が多い企業？

　転職するなら，どちらかといえば中途採用者が多い企業のほうが働きやすいと思う。中途入社社員が少ない（ほとんどいない）企業では，中途入社社員は異質な扱いを受けがちで，肩身の狭い思いをすることもある。また法務が足りず人数合わせの発想で採用する企業は案外多いが，このような会社では中途入社社員はないがしろにされがちである。中途入社社員という外部の血を入れて，組織を活性化したいと真剣に考えている会社に転職できれば幸せである。

◎転職はすべきか？
　転職先には今まで比較的恵まれてきたが，正直にいって，本当によい企業であればここまで転職回数は増えていないとも思う。法務の存在価値は，その会社のことをどの弁護士よりも知っていて，かつ法律の実務力があることなので，複数社を転職するよりも１社に長くとどまる方がメリットは大きいと思う。各種の業務を経験するというメリットはあるが，やはり転職回数はせいぜい２～３回までにとどめておいたほうがいいと思う。私のように法務として５社目にもなると，色々な業務を経験することもできたが，失うものも多かった気がする。それどころか，下手をするとＢ社のようなブラック企業に近い企業で働くこともありうる[*1]。

◎転職活動を振り返って
　最初に法務経験をスタートさせたＳ社に10年間勤務した後，2000年（平成12年）にＳ社を退職した。退職の理由は，Ｓ社が倒産しかかった（最終的に2000年前後に金融機関に子会社に対する約2000億円の債権放棄を受け入れてもらい，倒産を避けることができた）のと，Ｓ社でやるべき企業法務はもうないと判断したからである。その後の10年の間に３社，法務として転職してきた。転職活動中には，さまざまな会社を訪問した。その中で入社するに至らなかったが，印象に残った会社をいくつか紹介する。
●流通のＳ社の次に転職を考えた企業が，消費者金融のＳ社であった。流通業に長くいたためか，一般消費者向けの事業ということで消費者金融事業者に親近感を抱いた。消費者金融のＳ社での会長面接が無事終了し，入社の日程も決定したが，どうしても消費者金融＝「サラ金」のイメージをぬぐうことができず，直前でお断りした（その後Ｓ社は平成22年に銀行系の大手消費者金融のＰ社に吸収合併された）。
●前述したが，法務部長という約束でＮ社に入社したところ，入社当日になって突然，「営業推進部長」という訳のわからないポストに就かされてしまった。その会社では社長の片腕であった専務が法務業務を一手に引き受けており，その専務に代わって法務業務をすべて担当するはずであったが，当方の内定後に揺り戻しがあったようだ。だまされた思いで悶々と数ヶ月を過ごしている間に，当時消費者金融最大

手のＴ社への紹介（法務マネジャーとして）があった。数年前に消費者金融のＳ社へ入社しかけたように，もともと消費者金融に関心があったため，すぐに面接に赴いた。

　Ｔ社の募集要項には「完全週休二日制」と謳っていたところ，面接の最後になって人事課長から「当社は，毎週土曜日は完全出勤だが問題ないか。」との問いかけがあった。募集要項と異なるため理由を聞いたところ，「業務多忙のため。」とのことであった。納得がいかず，「自分の能力がなくて仕事が終わらない場合は当然出勤するが，週休二日の勤務制度なのに，毎週土曜日出勤はおかしいではないか。」と問うたところ，「実は会長指示で，土曜日は幹部は毎週終日出勤している。」とのことであった。そうであれば，採用条件の金額（年俸）では足りないと返答したところ，「あなたの実力なら要求はもっともだが，その金額では会長決裁になる。会長と会って直接話をしてほしい。」といわれた。会長と会うにしても年俸の条件合意が先であると押し返して，面接は終了した。面接後も人事課長から，会長に会って欲しいと連絡が何度もあったが，ほっておいたところ，数ヶ月たった後に，他の人を法務マネジャーとして採用したからといって，私の履歴書を返送してきた。

　その後しばらくして，Ｔ社はいわゆる「盗聴事件」を犯していたことが明らかになり社会問題となった。私の代わりに法務の責任者になられた方はさぞや大変な思いをされたことだろう。ところで，「完全週休二日制」といえば，企業法務として最初に入社した流通のＳ社も当時としては未だ世間に普及していなかった「完全週休二日制」を募集要項の売りとしていた。Ｓ社に入社してわかったが，土日は休みであるが，その代わり国民の休日はすべて出勤日という，文字どおりの完全週休二日（つまり，週休三日はありえない）であった。

●Ｄ社への転職活動をしていた同時期に，渋谷にあったIT関連のコンサルティング会社のＦ社にも転職活動をしていた。Ｆ社の社長は，私の古巣であるＳ社の代表者をよく知っており，面接で話がはずんだ。最初当方としては好感をもったが，社長の「あなたが当社に入社すれば，少なくとも今司法書士に払っている費用は不要となるというメリットがあるわけだ。」という社長らしからぬ発言にがっかりしたことと，人事課長の「当社は完全フレックス制度です。コアタイムは存

在せず，何時間出勤しても，またしなくても結構です。」との発言に怖じ気づいたため，D社から内定をもらうとすぐに（F社からの合否の知らせの前に）こちらから入社を辞退してしまった。

◇◇

*1 これまでにB社について，いくつかの問題があったことを述べたが，最終的にだまし討ちのような形で同社を去ることになった。

　　S社退職後にB社に転職したのだが，実は労働条件があまりよくなかったのと，法務マネジャーでの募集のはずが「社長室新規事業開発グループマネジャー」としての採用に変更となり，入社後はM&A業務を担当して欲しいと言われたため，いったんは内定を断った。しかしその後，社長自ら入社の誘いがあり，私を特別に年俸契約で厚遇するとともに，「すでに法務部があるが法務部長が無能な上に傲慢であるため，近いうちに法務部を解散させたい。新規事業開発グループは，それまでのつなぎであり，実際には入社と同時に法務業務を担当してもらう。」とまでいわれたため，入社が内定していた消費者金融のS社の内定を辞退して，B社に入社したという経緯があった。

　　ところが，入社後にB社の社内紛争（入社後に知ったが，B社は東証一部上場をきっかけに，人事部長・社長室長等の主要なポストを一挙に新たに外部から採用したため，創業時からの生え抜き幹部とそれらの新参の幹部との間で，猛烈な暗闘が生じた）に巻き込まれ，結果「年俸契約」を「有期1年の年間契約」と曲解（強弁）され，入社後1年が経過したときに「1年間の期間満了」により退職とされてしまった。入社経緯を一番知っている私を採用した人事部長は，B社の体質にあきれて，すでに半年前に退社していた。雇用期間満了の無効を争ってもいいと思ったが，私もB社のブラックさにほとほと嫌気がさしていたため，私の退職理由を「会社都合」とすることと，特別に一時金を支払うことを条件にB社を退職した。急な転職であったため，次のD社へ転職するまでの約一月半の間，無職で過ごしたつらい思いを今でも時々思い出す。

◇◇◇◇◇ **Column** ◇◇◇◇◇◇◇◇◇◇◇◇◇◇◇◇◇◇◇◇◇◇◇◇◇◇◇◇◇◇

S社で法務としてのスタートを切り，数年が経過して企業法務にも

慣れた頃（30代半ば），ヘッドハンティングされることに憧れるようになった。S社で法務としての経験を積んで能力を高めることによって，ある日どこかからヘッドハンティングされるようになればいいなあ，と漠然と思っていた。S社からB社へ転職する際（40歳直前）に知り合った大手人材会社の人とヘッドハンティングについて話す機会があったが，その人から「あなたはヘッドハンティング対象人材の一歩手前」だといわれたことを覚えている。

　その後，B社を経てD社に在職中，突然ヘッドハンター（らしき人）の訪問を受けた。マイクロソフトの法務マネジャーにどうかと思って私に会いたかったとのことだったが，私が英語を話せないことを知ると，それきり2度と私の前に現れることはなかった。

　「ヘッドハンティングされることに憧れていた」ことなど，とうに忘れた2～3年前，立て続けに2社のヘッドハンターの訪問を受けた。2社ともちゃんとしたヘッドハンティングの会社であり，そのうち1社は世間でヘッドハンティングにおける日本の草分けといわれている会社であった。転職する気もなく勉強のためにお会いしたが，正直がっかりしてしまった。どこで私の情報を得たのか知らないが，2社とも私が契約に関する書籍（『契約業務の実用知識』）を書いていることも知らないし，とおり一片の話しかせず，私に会いにきた理由も，「具体的なオファーの話はないが，これから世間では法務部門のトップのニーズが高まるから，その際の候補者として紹介したい。」といったものだった。

　実際に私に会ってみて，私がその器でないと思ったのかもしれないが（その後のリーマンショックの影響であると私は思いたいが），2社とも会った後に礼のメールも寄越さないし（社会人としての最低限のマナーでしょ？），しょせん日本ではヘッドハンティングなんてこんなものかと思った。まあ，若い頃にヘッドハンティングされるような人材になりたいという希望は，結果として叶えられたかもしれないが（本書執筆中に，久しぶりに新たに1社のヘッドハンティング会社からオファーがあった。何か得る情報があるかもしれないと思い面談したが，一方的に企業を紹介しようとするだけで，また私を知ったきっかけもインターネットで情報を得たにすぎず，まったくの期待はずれであった）。

III　企業内士業

　法務部門の人員として，法学部卒業生，法科大学院卒業生の他に，日本の弁護士・外国弁護士や，司法書士，弁理士，税理士，社会保険労務士等のいわゆる隣接職種もその供給源となりうる。

▶1　企業内士業の増加

　近年弁護士や司法書士等のいわゆる士業と呼ばれる者（または合格者。ここでは，士業としての業務経験の有用性については論じない）が，企業（または官公庁）に社員・職員として勤務することが増えている。これら士業は役員として企業に所属することもあるが，多くは社員として法務部門を中心に知的財産部，コンプライアンス関連部門，財務・経理部や人事部等に勤務しているのが現状である。

　ア　企業内弁護士（社内弁護士）

　企業内に所属する士業としては，まずは企業内弁護士（社内弁護士）があげられる。企業内弁護士の場合は，その多くは法務部門に社員として勤務することが多い。また企業において弁護士が法務部門以外に在籍する場合は，役員の他，知的財産部門やコンプライアンス関連部門に勤務することが多い。

　近年司法試験合格者が増大して，弁護士数が大幅に増加したことにより，有資格者を法務部員として採用する企業も増えている。法務部門における弁護士有資格者は，第5次実態調査（1985年（昭和60年））では回答479社中19社（人数不明）にすぎなかったのが，第8次実態調査

(2000年（平成12年））では，回答1008社中28社37人（うち弁護士会登録者30人）に，第9次実態調査（2005年（平成18年））では，回答981社中40社61人（うち弁護士会登録者32社53人）と増加し，直近の調査である第10次実態調査（2010年（平成22年））では，回答1035社中93社168人と大幅に増加している。なお，企業内弁護士の所属は，今のところほぼ資本規模の大きな企業に限られ，また製造業と金融業に偏っているが，企業内弁護士の所属・採用の動きは確実に広がりつつある（別冊NBL135号19頁参照）[*1]。

　正直，法科大学院を出て，新司法試験に合格しただけで（法科大学院を卒業しただけではなおさら），企業法務に十分対応できるかは個人的には疑問である。むしろ私と同年代に多かった旧司法試験から企業法務へ転身した者の方が，法律の基礎を身につけた上で企業法務を始めることにより，法務担当としての実力を身につけていたと思うのだが。たしかに，法科大学院では学部で学ぶことの少ない，独禁法，知的財産権法等の企業法務に必須の法律知識を身につけることができるだろうが，その後に企業法務の実務経験を積まなければ不十分である。

　　＊1　日本組織内弁護士協会の集計結果によると2012年（平成24年）6月末日時点で771人の弁護士（登録弁護士）が企業内弁護士として勤務している（企業内弁護士には日本法に基づく会社，外国会社の日本支社，特殊法人，公益法人，事業組合，学校法人，国立大学法人等を含む）。

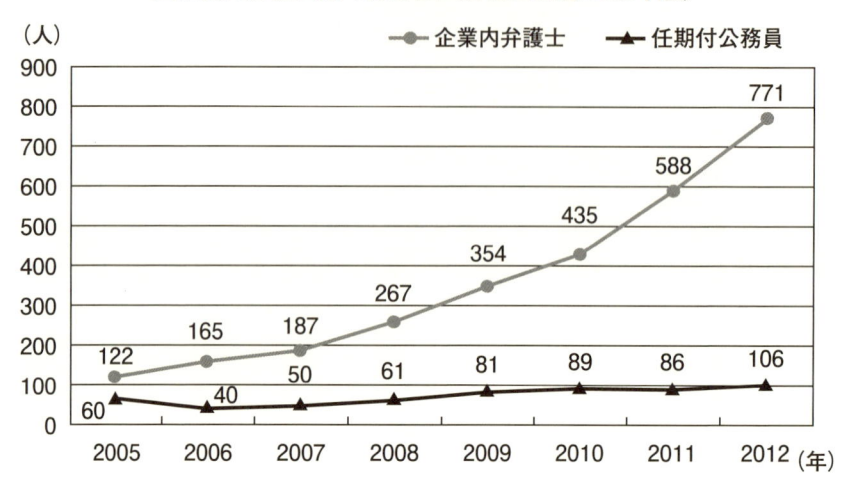

■組織内弁護士数の推移■（弁護士白書2012年版）

年	2005	2006	2007	2008	2009	2010	2011	2012
企業内弁護士	122	165	187	267	354	435	588	771
任期付公務員	60	40	50	61	81	89	86	106

【注】1．企業内弁護士数は，日弁連データをもとにJILA（日本組織内弁護士協会）調べによるもの。
2．任期付公務員数は，日弁連調べによるもので，調査年月について以下のとおり。2004年8月，2005年5月，2006年12月，2007年〜2012年は6月現在。

なお法科大学院修了者の所属・配属については，10次実態調査では104社129人（うち女性31人）となっている。法務部門が深い法律知識を備えた人材を求める動向から，社内弁護士の所属・採用と合わせて，今後の動向が注目される（別冊NBL135号19頁参照）。

イ　企業内司法書士

司法書士とは，他人の嘱託を受けて，登記または供託に関する手続を行い，裁判所，検察庁，法務局（地方法務局）に提出する書類を作成し，また簡易裁判所において訴訟代理を行うことを業とする。学歴等に関係なく誰でも受験できるという間口の広い資格試験だが，競争率は2〜3％となかなかの難関試験である。憲法，民法，刑法，会社法・商法の

実体法と不動産登記法，商業登記法，民事訴訟法，民事保全法，民事執行法，供託法等の手続法が試験課目であり，受験を通じて得た法律知識や業務経験は企業法務業務にも即役立つ。

企業の法務部門に在籍する司法書士（有資格者含む。以下「企業内司法書士」という）の数は，第5次実態調査では14社（ただし嘱託扱い），第8次実態調査では15社21人，第9次実態調査では34社36人，今回の第10次実態調査では51社54人と，堅調に増加している。

◇◇◇◇ **Column** ◇◇◇◇◇◇◇◇◇◇◇◇◇◇◇◇◇◇◇◇◇◇◇◇◇◇◇◇◇◇◇

私は，法務部員として企業に勤務するかたわら，2005年（平成17年）から司法書士登録をしている。司法書士登録時はこのような企業内司法書士のケースはほとんどなかったようで，「勤務先企業から司法書士として業務を受託しない」ことと，「事務所を勤務先と別に設ける（私の場合は自宅を事務所としている）」ことを登録の条件とされた。

通常は常勤社員としてフルタイムで企業での法務業務を行っており，司法書士としては，勤務先の理解と家人の協力のもと，自宅兼事務所において依頼業務を受託している。家人不在の場合は携帯電話へ電話を転送するようにして，業務の依頼に応じられる体制をとっている。実際に業務を受託した場合（受託前の面談も同様）は，勤務先のフレックスタイム制度や有給制度等を活用して，また土日にかけて受託業務を遂行している。

これらの司法書士業務の経験（不動産登記，商業登記，裁判書類作成，法律相談，簡易裁判所代理業務等）が，企業法務業務にも直接・間接に役立っている。

また，司法書士会の主催する無料法律相談等のプロボノ活動にも積極的に関わっている。現在の発展したIT技術やオンライン登記申請制度等は，私のような企業内司法書士にとっては非常に有益である。

◇◇◇◇◇◇◇◇◇◇◇◇◇◇◇◇◇◇◇◇◇◇◇◇◇◇◇◇◇◇◇◇◇◇◇◇◇◇◇

ウ　その他士業

(1)　企業内弁理士

　弁理士とは「特許・実用新案・意匠・商標又は国際出願若しくは国際登録出願に関し特許庁における手続及び特許・実用新案・意匠・商標に関する異議申立て又は裁定に関し経済産業大臣に対する手続の代理及び鑑定その他の事務を業として行う者」である。独立開業型の資格というより，共同で特許事務所を運営したり，また大メーカーの特許部・知的財産部に所属することが多い。

　第5次実態調査では21社（ただし嘱託扱い），第8次実態調査では，13社14人，第9次実態調査では20社28人，今回の第10次実態調査では27社40人と企業内弁理士も他士業と同様に増加している。なお，その多くは知的財産部門に所属している。

(2)　企業内行政書士

　行政書士とは，他人の依頼を受け報酬を得て，官公署に提出する書類その他権利義務又は事実証明に関する書類を作成することなどを業とする者（行政書士法1条の2・1条の3）である。従来は司法書士や社会保険労務士等，他の資格と兼任することも多かったが，近年は「街の法律家」を目指して独立開業する者も増えている。

　行政書士登録をしている社員，すなわち企業内行政書士がいる事業会社もある。その場合は法務部門または総務部門に属することとなろうが，企業内行政書士の特長としては，次の点が挙げられる（以下，石澤扶有子「企業内行政書士の役割」NBL903号（2009年）43頁参照）。

①　許認可手続等に関する問題対応

　法務デューディリジェンス（DD）のポイントの一つに許認可の承継の問題がある。事業譲渡・吸収分割等の組織再編においては，買収（吸

収）される側が保有する許認可が，スムーズに承継されることが重要なポイントである。そして，組織再編に当たっては，許認可の円滑な承継が表明・保証条項とされることも多い。許認可の承継（また，承継が不可能な場合は新規の取得）の対応は，専門家である行政書士の専門分野である。

② 外国人雇用の場合

外国人雇用の際，在留資格認定書交付申請等で入国管理局と折衝をする場合，申請取次行政書士（入国管理手続の取次を認定された行政書士）であれば，事前予約をすることができスムーズに申請を行うことができるというメリットがある。

(3) 企業内社会保険労務士

社会保険労務士とは，社会保険労務士法2条に定める，労働保険・社会保険に関する法令に基づく申請書の作成・提出等の事務を業として行う者である。独立開業型の資格であり，中小企業を主な対象として労務問題を受任している。また，健康保険・雇用保険の手続や給与計算等，すべての企業において社会保険労務士の対象業務が存在し，またセクハラ・パワハラ等の労務問題への対応等，対応すべき業務範囲も拡大してきている。これらの業務は年々複雑化しており，企業内社会保険労務士の必要性も高まってきているといえるだろう。

さらに社会保険労務士には，企業や団体に勤務し，当該企業専属の社会保険労務士として社会保険労務士業務を行う，「勤務社会保険労務士」という特有の制度がある（他士業にはない制度であり，勤務医のようなものである）。社会保険労務士という資格が，企業経営と密接に関係していることの裏づけであるともいえよう。

(4) 企業内公認会計士・税理士

その他，企業法務とは直接関係はないが，企業内士業として企業内公認会計士と企業内税理士が挙げられる。

金融商品取引法の施行とそれに伴う内部統制報告制度の義務化等，近年企業会計業務は高度化・複雑化しており，また税務も複雑化しているため高度な専門性を有する企業内公認会計士および企業内税理士の需要が高まっている。

▶2 企業内士業の増加理由

(1) 合格者の大幅な増加

① 弁護士

平成に入って，司法試験合格者数は漸次増加していき（1989年（平成元年）523人～2005年（平成17年）1464人），新司法試験がスタートした2006年（平成18年）は1558人，以後は毎年2000名を超える合格者が誕生している（2012年（平成24年）は過去最多の2102人が合格）。

司法試験合格者の急増により，居候弁護士から独立開業という従来の典型的なコースは崩壊し，また社会の複雑化にも伴い，弁護士の進路が多様化されることとなった。この多様化の流れの中で企業内弁護士の進路がクローズアップされており，日本弁護士連合会は，経団連に対して新司法試験合格者を企業法務として採用することを要望するとともに，東京三弁護士会は，毎年司法修習終了予定者に対して，企業向けに就職合同説明会を開催している。また，司法修習終了予定者と法科大学院修了生を対象とした就職支援サイトも存在する（例：平成19年度「専門職大学院等における高度専門職業人養成教育推進プログラム」に選定され，

文部科学省より助成を受けている企業向け就職サイトである「ジュリナビ」)。このような状況下，企業側も弁護士（有資格者）の採用について積極的になってきている。

　また，従来社内弁護士となるためには，所属弁護士会の許可が必要であったのが，届出制に変更されたことも社内弁護士増加の一因であろう。(*2)

　② 司法書士

　司法書士合格者数もまた，司法試験合格者数と平仄を合わせるように近年増加している。合格者数は，1989年（平成元年）406人，2005年（平成17年）914人，2010年（平成22年）948人，2011年（平成23年）879人，2012年（平成24年）841人であり，ここ数年の合格者数は800人〜900人である。さらに司法書士の場合は，2003年（平成15年）に一定の手続（特別研修および法務大臣認定試験）を経た後に簡易裁判所の代理権が付与されることとなったことにより，進路が多様化された。

　東京司法書士会では2006年（平成18年）から会員研修として「企業法務研修会」を毎年実施しており，また日本司法書士連合会においても企業法務推進対策部において，司法書士の企業法務分野への進出（企業内司法書士も視野に入れ）についてワーキングするなど，企業法務が司法書士の新たな業務分野として注目されており，今後は企業内司法書士も増えていくことと思われる。

Column

　D社在職中，アメリカの大株主A社が，私の上司として年下のJ部長（ハーバード卒のロイヤー）を派遣した。J部長と初めて会った際，彼が私に発した最初の質問は，「Are you lawyer ?」(きみは弁護士なのか？）であった（YesでもなくNoでもなく，昔はやったジョーク(*3)のように「or」と答えたいところであった）。「No. I am Shiho-Shosi lawyer.」と答えたものの，日本独自の制度である司法書士を私

の語学力ではうまく説明できず，Ｊ部長にはまったく理解されなかった。続けて彼の発したそれでは「Para-legal ?」（法律事務員か？）の質問には「No !」と答えたため，結局まったくの法律素人と思われてしまった。一緒に仕事をするうちに，パラリーガル程度の能力はあると思うようになってきたらしく，私がＤ社をやめる最後の頃には，時々彼の方から「私も君も，プロフェッショナルだから，……」という話し方をするまでにはなったが。

　日本司法書士連合会のホームページ上には，司法書士を海外向けに紹介する頁(*4)があり，当時この頁をＪ部長に見せることができれば，もう少し対応が違ったかもしれない（彼が実際に読んだとしても，司法書士制度は外国人には理解しづらいかもしれないが）。

◇◇

＊２　旧弁護士法30条3項は，「弁護士は，所属弁護士会の許可を受けなければ，営利を目的とする業務を営み，若しくはこれを営む者の使用人となり，又は営利を目的とする法人の業務執行社員，取締役若しくは使用人となることができない。」と定めていたが，平成15年改正により，次のとおり変更された（弁護士法30条1項）。
　　（営利業務の届出等）
　　第30条
　　　弁護士は，次の各号に掲げる場合には，あらかじめ，当該各号に定める事項を所属弁護士会に届け出なければならない。
　　１．自ら営利を目的とする業務を営もうとするとき　商号及び当該業務の内容
　　２．営利を目的とする業務を営む者の取締役，執行役その他業務を執行する役員（以下この条において「取締役等」という。）又は使用人になろうとするとき　その業務を営む者の商号若しくは名称又は氏名，本店若しくは主たる事務所の所在地又は住所及び業務の内容並びに取締役等になろうとするときはその役職名

＊３　マレーの虎と呼ばれた山下奉文陸軍中将（当時）が，太平洋戦争におけるシンガポールの戦い終結時（1942年（昭和17年））に，敵将のイギリス軍司令官パーシバル中将に対して「イエスかノーか（Yes or

No!)」と降伏を迫ったという逸話をジョークにしたもの。なお，実際にはより落ち着いた紳士的な文言・口調の会話だったといわれている。

＊4　What is a "Shiho-Shoshi lawyer"?
　　　（https://www.shiho-shoshi.or.jp/english/）

③ 公認会計士

　公認会計士試験は，1990年（平成2年）には672人であった合格者が，新試験制度となった2006年以降大幅に増加している（2006年（平成18年）3108人，2010年（平成22年）2041人，2011年（平成23年）1511人，2012年（平成24年）1347人）。その結果，公認会計士の会計事務所以外の進路として，ここ数年企業内公認会計士に進む者も増えてきている。筆者の勤務する事業会社グループにおいても数名の企業内公認会計士が存在している。

(2) 専門性に対するニーズ

　企業内士業を置くことの企業側のメリットは，まず企業内弁護士についていうと，現場の業務に密着しているため，法律知識だけにとどまらず，より実務的な専門領域に踏み込んだ業務を行うことができる点である。つまり，当該企業の事情をよく知った上で，各種問題に専門的な対応がとれることである。

　企業法務業務は，一般に①法的問題の把握，②解決方針の策定，③案件処理，④案件の終結，⑤日常業務へのフィードバックという流れで行うが，このうち，一般的に外部の弁護士に依頼するのは③案件処理である。企業内弁護士の場合は，①〜③の「案件の入口と」と④および⑤の「案件の出口」についても能力を発揮することができる（日本弁護士連合会業務第1課「そこが知りたい企業内弁護士10問10答」参照）。このことは，企業内弁護士にかぎらず，その他の企業内士業についても当てはまるものと思われる。

近年ますます高度な法律知識・理解を必要とする社会となり，また企業のコンプライアンス（法令遵守）意識の高まりや，経済のグローバル化等により法律業務が拡大したことから，企業法務にとって法律の専門家である弁護士のニーズはますます高まっている。一方，司法書士の場合も，実務法曹としての法律の知識や経験がある上に，企業法務業務に必須である商業登記・不動産登記業務・供託業務等に通暁し，また裁判手続等にも一般的に明るいため，企業法務として適任である。

Column

司法書士試験合格後，企業法務に携わって優に20年が過ぎたが，その間多種多様な法務業務をこなしてきた。新株引受権付社債（現行の株予約権付社債）の登記申請をはじめとして，ありとあらゆる商業登記申請業務を経験したし，各種不動産登記をはじめとして，数十億円の不動産売買の立ち会い業務まで経験した。また他社とのアライアンスで，合弁契約書の作成から新会社設立（設立登記＆事業譲渡や新設分割・吸収分割登記）まで，合弁事業に関するすべての法律業務をこなしたこともある。司法書士資格を有していたからこそ，このような企業法務業務を遂行することができたのではないかと思う。

▶3　価値観の多様化

一般に士業においては，数年前までは資格試験合格即開業という流れが主流であったが，合格者の増大に伴い，社員として企業（特に大企業）への就職を望むものも増えている。第10次実態調査によると，社内弁護士として採用したきっかけは，いわゆる新卒・中途採用活動への応募がもっとも多い。また，いったん士業として開業したものの，不況の影響もあるのか，企業に就職し直すものも増えているのではないだろうか。なお司法書士の場合，ここ数年新規登録した司法書士（新規合格者）の登録の取消しが増えている。

Column

　私が司法書士試験合格後，ただちに企業法務に進んだ理由は，司法書士として個人で開業するよりも，企業の内部で各部門の人と協働しながら，多種多様なまた，大規模な法律問題に対応することにやりがいを感じたからである。司法書士試験は京都で受験をしたが，合格後，京都地方法務局長から合格証を授与された際，京都司法書士会の幹部からインタビューを受けた。その時に今後の進路（開業予定地）を聞かれ，企業法務に進む旨を述べたところ，怪訝な顔をされたことをいまでもよく覚えている。

　企業法務に進んだ後は，法務担当として，有資格者のまま不動産登記・商業登記業務等の司法書士業務を存分にこなしていたが，2005年（平成17年）3月に東京司法書士会に司法書士登録をした。これは，2004年（平成16年）不動産登記法改正や平成17年商法改正等の近年の相次ぐ法令の大改正に対応し，登記業務の専門性を維持していくためには，登録をして司法書士会の研修等を受け，自己の能力を高める必要性を感じたからである。

Ⅳ　士業の派遣・出向

　企業内士業として弁護士・司法書士等を法務部員として採用することの有用性を述べてきたが、これら士業を社員として採用しないまでも、法務部員として戦力利用することができるだろうか。すなわち士業の派遣・出向の問題である。

▶1　派遣社員

　ここでいう「派遣」とは、「自己の雇用する労働者を、当該雇傭関係の下に、かつ、他人の指揮命令を受けて、当該他人のために労働に従事させること」（労働者派遣。労働者派遣法2条1号）をいう。
　港湾運送業務、建設業務、警備業務および病院・診療所における医療関連業務は一般に派遣が禁止されている（労働者派遣法4条、同施行令2条）が、その他に弁護士、外国法弁護士、司法書士等のいわゆる「士」業も、その専門性を守るため派遣が禁止されている。これらの士業は、依頼者からの委託を受けて業務を行うものであり、労働者として監督指揮されるものではないからである。
　一時、税理士、司法書士（司法書士の場合は登記・供託業務に限定）、社会保険労務士の3業種について、民間のニーズが高いことを理由として労働者派遣を認める方針が構造改革特別区域推進本部（構造改革特別区域法に基づき設置）で決定された（2006年（平成18年）6月11日）が、その後労働者派遣法の改正は見送られた。
　しかし、派遣が禁止されているのは登録された士業であり、有資格者の派遣は禁じられていない。実際に有資格者の派遣は増えている（それ

とは別に,「法務担当者」の派遣も増えている)。

▶2　出向社員

　大手企業の中には,顧問弁護士事務所と法務部門の人材交流のために,弁護士の出向受けがしばしば行われている。ここで出向とは,「元の企業との間で従業員としての地位を維持しながら,他の企業においてその指揮命令にしたがって就労すること」をいう(水町勇一郎『労働法〔第4版〕』(有斐閣,2012年) 159頁)。前述のとおり士業の派遣は禁止されているが,士業の出向は実際では結構活用されている。

　第10次実態調査では,社内弁護士の採用経緯として,21社(14.1％)が外部弁護士事務所から派遣されているとする(別冊NBL135号105頁)が,ここでの「派遣」は「出向」のことであると思われる。筆者が勤務する事業会社の親会社でも,弁護士事務所から定期的に弁護士を社員として出向受けしているし,公認会計士の場合も,近年は監査法人から企業向け(財務部等)の出向事例が多く見られる。

第3章

法務部員の育成

I　配属後の教育（スキルアップ）

▶1　法務部員の教育

　法務部員として企業法務業務をスタートするためには，まず民法・商法・会社法・民事訴訟法等の基本法をひととおり学習することが前提である。その上で，個々の案件については，当該分野の基本事項・概略を把握した上で，当該案件を処理していくこととなる。実際には，先輩・上司や場合によって外部弁護士等による指導等も行われるが，一定の大企業でない限り，社内で計画的な研修等を行って法務部員のレベルを上げることは難しい。しかしながら，できるだけ次のような視点をもって法務部員の継続的な教育に勤めるべきである。
　「よく日本では，『人材育成』の重要性が叫ばれる。では，その人材育成とは，具体的にどういう形で，どのように養成すべきだというのだろうか。（略）別に弁護士（法律実務家）でなくても，法学部を出た優秀な者を育てれば同じではないかと思われるかもしれない。日本では，そういう考え方で，これまで法学部出身者を『法律家』として育ててきたのだろう。（略）ここでは法学部を卒業しただけの人材と，法科大学院まで行って法律実務家となるための専門的な教育を受け，さらに弁護士にまでなった人材の差を考える必要がある。その最も大きな違いは，<u>『法の実現』</u>まで視野に入れた実務的・体系的な考え方の訓練を受けているかどうかである。法律実務家は，証拠に基づいて事実を認定し，法を実社会で使って問題を解決する仕事に携わる。従って，法律実務家と言えるには，<u>法を実現するための最終的な紛争解決手続についても基本</u>

的な理解を持ち、それをベースにして仕事をすることが求められる。」
(浜辺陽一郎『弁護士が多いと何がよいのか』(東洋経済新報社、2011年) 44頁)。

※下線部筆者。

▶2 OJT

　法務部員の教育としては、結局は各社とも、その大部分がOJTによることとなると思われる。企業によっては、OJT担当を決め、かつ立派なOJTマニュアルを整備しているところもあるが、多くの企業にとって、系統だった計画的なOJTは実際には難しい。

　ここで、OJTに関連して、契約業務の実際について述べたい。まずは契約審査にあたり、多重審査をお薦めする。多重審査とは、事業部から依頼があった契約書について、法務担当者がいったんレビューしたものを、さらに上位者の法務マネジャー等（さらにはその上の法務部長）がレビューして、一次審査者の法務担当者へフィードバックするのである。これは、法務部員の実力向上に非常に役立つ。多重審査が実行可能かどうかは、法務部門の体制（規模）にもよるが、筆者が初めて法務業務を経験したＳ社では担当者が審査した契約書をマネジャー、部長が二重に審査しており、このシステムによって筆者の契約法務能力は大幅に向上した。

　さらに、Ｓ社の場合、大規模不動産の賃貸借契約書や売買契約書、営業譲渡契約書等の重要な契約書については、最終的に顧問弁護士にもレビューしてもらっていた。費用の問題もあるが（実力のある上位者がいない場合等）、法務部門で審査した契約書を最終的に外部弁護士にレビューしてもらうことは、OJTとしても非常に有益だと思う。

　なお、実際の契約審査としては、部下からメールに添付して審査依頼のあった契約書案（ワード文書）に対して、そのワード文書に追加・修正を加えたものを返信するのが通常であるが、時にはワード文書をいっ

たんプリントアウトしたものに，手書きで修正・コメントを施して再度部下に修正し直させるということも指導として行っている[*1]。

この他にOJTのやり方として，次のような手段を取られている企業もあると聞く。

・法律相談には必ず2人以上で対応する（経験の浅い者と経験のある者で）。
・1人で法律相談に乗った場合には，事後に上長宛にレポートを書かせる。
・法務部門全体で，年に1回の法務合宿を行う。
・年に1回は，外部弁護士とともに社内向けセミナーを開催する。
・事業部を対象に月1回「リーガルキャラバン」（巡業法務相談）を実施する。

> ＊1　私と同様なことをされている企業法務の先輩もいる。この方はたまたま，私と同じ大学法学部の後輩であるが，企業法務としては先輩であり，後に述べる研修の「債権の保全・回収コース」の1年先輩でもある。
> 　「今なら，部下が作成したドラフトがメールされてきて，それを上司が修正して部下に戻す，ということになるでしょう。しかし，それでは上司の修正能力は上がっても部下のドラフティング能力はなかなか上がりません。私は，時と場合にもよりますが，プリントアウトしたドラフトに手書きでコメントや修正を入れて，それを見ながら再入力してもらうようにしています。」（北島敬之「企業法務を考える」NBL992号（2013年）29頁）。

▶3　社外研修

系統だったOJTの実施が実際は比較的困難なことから，法務部員の能力向上の手段としては，社外研修への参加が大きな割合を占める。大企

業の中には，法務部員を定期的に海外のロースクール（多くは米国）へ留学させ，外国弁護士資格を取得させたり，また国内の法科大学院へ国内留学させたりする企業もある（第10次実態調査では，国内留学を体制として有する企業は，国内の大学等高等教育機関への派遣・留学：1.5％，法科大学院への派遣・留学：1.2％という結果である）が，ほとんどの企業では社外研修への参加にとどまることとなる。

実際，各方面で法務担当者向けの有益なセミナーが開催されている（経営法友会主催「経営法友会月例会」，株式会社商事法務主催「ビジネス・ロー・スクール」等）し，最近では大手法律事務所や出版社等が各種無料セミナーを実施していることも多いので，常にアンテナを張っておくべきである。

弁護士事務所・出版社等が開催するセミナーとしては次のものが挙げられる。

> **参照**
>
> ① レクシスネクシス・ジャパン株式会社開催の各種セミナー（無料・有料）（http://www.lexisnexis.co.jp/seminar/index.html）
> 　無料セミナーと有料セミナーがあるが，有料の場合でも1回あたりの参加費用は1万5千円程度と低価格である。
> ② 西村あさひ法律事務所主催の「リーガルフォーラム」（無料）
> 　（http://www.jurists.co.jp/ja/seminar/）
> 　西村あさひ法律事務所は，「企業の経営戦略に直接役立つ先端的実務について，第一線で現場に携わる弁護士等が解説を行う『西村あさひ法律事務所リーガルフォーラム』」を2009年1月から定期的に実施している。
> ③ 森・濱田松本法律事務所主催のセミナー（無料）
> 　（http://www.mhmjapan.com/ja/firm/seminars/our-firm.html）

森・濱田松本法律事務所では，年数回の事務所主催セミナーおよび月1回のビジネスロー研究会を開催している。ただし，参加者はクライアント企業に限られている。
④　東京大学ビジネスローセンター（BLC）開催の「ビジネスロー講演会」（無料）(http://www.shojihomu.or.jp/ibc.html)
　東京大学大学院法学政治学研究科附属ビジネスロー・比較法政研究センター（IBC）では，公益社団法人商事法務研究会・経営法友会の協力等を得てビジネスロー講演会を年に数回開催している。
⑤　ウエストロー・ジャパン株式会社と法律事務所共催の各種セミナー（無料）(http://www.westlawjapan.com/event/seminar/)

　ところで，法律の専門家集団としての法務部門（完全なる法規部）を目指すためには，法務部員は社内弁護士であるか，また社内弁護士でなくとも，法曹と同様の訓練を受け，同レベルの力をもつことが望ましいことはいうまでもない。しかしながら，実際には法律情報や豊富な事例と経験は有しているが，事件や判例を分析・検討するといった法技術習得のための訓練や，担当する契約その他実体法上の問題を訴訟法的な視点からとらえて処理するという訓練は積んでない（または十分でない）ことが多い（高石義一「法務問題の現在と将来」判例タイムズ434号（1981年）24頁参照）。法務部員の教育には，この「契約その他実体法上の問題を訴訟法的な視点から捉えて処理する」という視点が欠かせないであろう。

◇◇◇◇◇◇ Column ◇◇◇◇◇◇◇◇◇◇◇◇◇◇◇◇◇◇◇◇◇◇◇◇◇
　私の企業法務の経験の中で，いろいろな意味で非常にためになった研修が商事法務主催の「ビジネス・ロー・スクール」の一つである〈債権の保全・回収コース〉[*2]である。当時の講師陣は商社のH法務部長（現在早稲田大学法科大学院教授），実力派として有名だった

K弁護士（元森綜合法律事務所（現・濱田松本法律事務所）の元パートナー弁護士）と当時新進気鋭の中堅弁護士のM弁護士（現在日本最大の弁護士事務所のパートナーであり倒産法の権威）の3人だった。3人の講師による，まる一日の座学と静岡県での2泊3日の研修で，企業法務の姿勢・考え方をみっちり教わることができた。企業法務2年目の段階でこのような素晴らしい社外研修に参加できたことは，非常にありがたかった。社員研修に熱心であったS社と当時の法務部長にいまでも感謝している。

◇◇

＊2　1991年開催時の講座名称である。その後若干内容を変えながらも毎年開催されており，直近の講座名称等は，「事例で考える・契約の実務～リスク管理から債権回収まで～」である（2012年9月開催）。H先生からは法務マンとしての心構え，K先生からは企業法務における柔軟な発想法，そしてM先生からは仕事に取り組む姿勢（「仕事にストレスを感じて暴飲する等は愚の骨頂。思いっきり仕事に取り組んで，仕事を片づけることが最大のストレス解消方法。」）をそれぞれ学んだ。

Ⅱ　自己啓発

　法務部員としての専門能力を高めるためには，結局本人がオン・ザ・ジョブ・トレーニングで思考錯誤しながら徐々に能力を高めていくのが王道であり，自ら工夫して業務に取り組んでいくことが肝要である。

　たとえば，契約業務を例にとれば，日常漫然と審査・作成業務をこなしていくのではなく，他社の契約書で優れていると思った契約書やその条項を自分でファイリングして，次の契約書作成時に利用するとか，債権回収業務であれば他社の優れた手法を業務やセミナーを通じて知った場合は，自社の業務においても積極的にその手法を活用する等である。

　人それぞれであるが，企業法務に関係する検定試験・資格試験の受験を通じて能力を高めることも考えられる。

▶1　検定試験

　①　**法学検定試験**（http://www.jlf.or.jp/hogaku/index.shtml）
　公益財団法人日弁連法務研究財団と公益社団法人商事法務研究会が共同で組織した法学検定試験委員会が実施。

　法学に関する学力を客観的に評価する，わが国唯一の全国規模の検定試験で，「ベーシック〈基礎〉コース」，「スタンダード〈中級〉コース」，「アドバンスト〈上級〉コース」の３コースからなる。これらの試験は，法学に関する学力を客観的に評価する試験として，大学での単位認定，企業の入社・配属時等の参考資料として，さまざまな場面で利用されている（公益財団法人日弁連法務研究財団ホームページより）。

② ビジネス実務法務検定試験

（http://www.kentei.org/houmu/index.html）

東京商工会議所が主催する「ビジネスにおいて業務のリスクを察知し，法的にチェックし，問題点を解決に導くコンプライアンス能力のための基礎となる実践的な法律知識を体系的・効率的に学ぶことができる」検定試験（東京商工会議所ホームページより）。難易度によって，1級から3級までに分かれている。

▶2　資格試験

① 行政書士試験

近年難しくはなっているが，働きながらの合格も可能であり，また試験科目に含まれる民法・会社法等の勉強が企業法務の業務に役立つ。

② 宅地建物取引主任者試験

不動産事業会社の法務にとっては，必須の資格であろうが，受験科目のうち民法，不動産登記法，税法等の勉強は不動産事業会社以外の企業の法務部員にも役に立つ。

③ 司法書士試験

司法試験に次ぐ難関の法律系国家試験であるが，受験科目すべてが企業法務の実務に役立つ。難関ではあるが，合格者の中に一定数の現職法務部員がいる。

▶3　法科大学院等

法務部門で勤務しながら，夜間（土日）社会人法科大学院に通うという選択技もある。次に掲げる大学院は，夜間（土日）の法科大学院である。

① 桐蔭法科大学院（http://toin.ac.jp/lawschool/）
② 北海学園大学大学院法務研究科
（http://hgu.jp/faculty02/lawschool/）
③ 筑波大学法科大学院（http://www.lawschool.tsukuba.ac.jp）
④ 成蹊大学法科大学院
（http://www.seikei.ac.jp/university/law_faculty/law_pstg/）
⑤ 名城大学大学院法務研究科
（http://www.meijo-u.ac.jp/law_school/）

なお，大東文化大学法科大学院（http://www.daito.ac.jp/lawschool/index.html）は，夜間法科大学院ではないが，夜間・土日の科目を選択することにより，現職の法務担当者でも業務に支障をきたさずに卒業することができる。

第4章

事業部門（依頼部門）との関係

第4章　事業部門（依頼部門）との関係　173

　事業部門，すなわち「法務業務の依頼部門」との関係をどのように築くかということは，法務部門にとって重要な問題である。このことは，既存の法務部門にとっては当然のことであるが，新たに法務部門を立ち上げた場合は，なおさら重要である。

▶1　ルール化

　たとえば，契約業務を例にとると，「すべての契約書は締結前（または相手方との契約交渉開始前に）に必ず法務部門の審査・承認を得なければならない。」という社内ルールを策定するといったことである。法務部門の規模が大きい場合，いわゆる「完全なる法規部」の場合は，すべての法律問題は法務部門が対応することとなるが，そうはいってもすべての契約書を法務部門が審査するのは，非効率的であるし，また，契約書は取引の実際を踏まえて書面化するものであるから，作成の段階で事業部門が主体的に係わることが望ましい。当社では，「ひな形のある契約書は事業部が作成し，相手方に契約案を提示する前に法務部門の承認を要する。」旨のルールを設けている。
　法務部員が少数である企業の場合は，すべての契約書をチェックすることは，現実には厳しい。その場合は，「一定金額以上の契約書（たとえば年間取引額1千万超）の売買契約については，法務部門の事前審査が必要」等と定める方法もある。

▶2　事業部門とのコミュニケーション

(1)　日常のコミュニケーション

　法務部員にとって，法務業務を遂行する上で，コミュニケーション

能力が必要となることは当然であり，そのことはすでに述べた（第2章「Ⅰ　法務部員に必要な能力」）。ここでの「コミュニケーション」はそれとは違う意味であり，法務部門から事業部門へ積極的にアプローチするという意味である。

　事業部門の社員からすれば，法務部門は煙たい存在であることが通常であるので，少しでも気にかかることがあれば，気軽に相談に来てもらえる雰囲気を作ることが重要である。事業部門の社員が，「こんなことを話したら馬鹿にされる。」という気持ちにならないよう，相談に対する対応は丁寧に心がけるべきである。また，法務部員は得てして法律用語をそのまま使うなどして，相手方の理解に対する斟酌に欠けることがありがちであるので，わかりやすい用語と説明を心がける必要もある。

(2)　事業部門への働きかけ

　法務部門は，事業部門から依頼を受けて法務業務に対応するのが通常であるが，逆に法務部門から事業部門に働きかけて，自社の潜在的な法務業務（法務問題）を掘り起こすことも有益である。

　新潟大学の田中幸弘教授は，大学院卒業後，一時日本信販株式会社の法務部に在籍していたが，日本信販入社間もない頃，自ら「社内営業」を始めたと聞いたことがある（筆者はS社在籍時に経営法友会の勉強会で当時日本信販の法務部員であった教授と知己を得た）。法務部員として，依頼部門の抱える悩み・問題に自ら飛び込み，いわば御用聞きのように依頼部門を回ったのである。この話を彼から聞いて以来，自分も真似をすべきと思いつつも現在まで十分に真似をできていない。

　この他にも，芦原一郎弁護士が提唱される「定期便」も参考となる。「定期便」とは，芦原一郎弁護士が社内弁護士をされていたアフラックで行われた制度であり，事業部門からの業務依頼を待つのではなく，法務部門の人員が事業部門へ定期的に出向くというものである（『『定期

便』は当社法務部の取組みで，現場各部門から相談や契約書の審査依頼が来るのを待つのではなく，主要な部門に対する法務部内の担当者を定め，たとえば火曜日の午後1時から2時間などと定められた特定の時間にはいつもその部門に出向いて定例会議を開く（いわば移動法律事務所を開く）というものです。……（略）……このことによって，法務部と現場の関係が密になるとともに法務部員や社内弁護士の現場感覚も磨かれ，会社の現場に対するリーガルサービスやリーガルリスクコントロールのレベルが上がり，さらには現場のリーガルマインドや情報の浸透力も上がります。つまり，『定期便』が社内の意思疎通の1つのバイパスになり得るのです。」（芦原一郎『社内弁護士という選択』（商事法務，2008年）122頁））。芦原弁護士の提唱される定期便の一番の目的も，事業部門とのコミュニケーションである。

　この他にも，前述のとおり「リーガルキャラバン」と銘打って，毎月1回事業部を巡回訪問して，事業部門とのコミュニケーション作りを工夫されている企業もある。この場合のポイントは，特に何をしに行くという構えた事業部訪問ではなく，いわば無料法律相談会のようなもので，「せっかくだから聞いてみよう。」といった，気楽に相談できる場（雰囲気）作りがポイントであるとのことである。

第 5 章

外部専門家等との関わり

I　弁護士・学者（鑑定意見必要時）等

▶1　弁護士等の探し方

　初めて法務部門を設立した場合は，関連会社や取引先から紹介を受けた弁護士事務所に業務を依頼するのが一般的であろう。しかしながら法務部員としては，弁護士について常日頃アンテナを張っておくべきである。各種セミナーに積極的に出席して講師と知り合い，その人柄に触れたり，また各種書籍・雑誌に執筆している弁護士を認識し，実際に論文を読んでみる等によってある程度弁護士の力量を計ることができる。最近では，インターネット上のブログで有用な法律情報を発信している弁護士も多く，そのコメントを読めば弁護士の得意分野や実力を知ることもできる。新人の弁護士であっても力のある弁護士は，光るものがあり，その著作から力量をうかがい知ることができるので，早めに面識を得ておくと後々自分にとって大きな財産となることもある。

　また訴訟の場合において，学者の意見書や鑑定書をお願いすることがないわけではないので，やはり日頃から学者のセミナーや書籍・雑誌等の著作物を通じて日頃ウォッチングをしておくべきである（現在当社が共同被告とされているある損害賠償事件において，他の被告会社が共同不法行為について原告の主張に対する反論の意見書を著名な民法学者に依頼して裁判に提出してきた。いつ何時このようなことがおきるかもしれない）。

　※日経BP社から不定期に出版されている『ビジネス弁護士大全』（年度によって若干書籍名が異なることもある。最新版は『ビジネス弁護士大全2011』（日経BP社，2010年））や，C&Rリーガル・エージェンシー社が

隔月で発行する「Lawyer's MAGAZINE」（ロイヤーズマガジン）（毎号弁護士や法律事務所を紹介している。年間予約の直販制）等によって弁護士のプロフィールを知ることもよいであろう。

Column

　S社に入社したばかりの頃（30歳になったばかりであった），社外セミナーで倒産法に強いM弁護士（その方は既に40代半ばの中堅弁護士であった）の知己を得ることができた。S社の場合，買掛債務がほとんどであり，企業法務として債権回収や倒産関連の法務業務はあまりなかったが，先生の実力と人柄に惹かれて毎年の勉強会にはまめに顔を出させていただいた。

　数年後にS社は，子会社の銀行団に対する巨額の借入金の返済がままならなくなりつつあった。そこでM先生にご相談した結果，銀行団に対する2000億円超の債権放棄（債務免除）交渉業務をお願いすることとなった。M先生は，同時期に裁判所から依頼のあったNリース（銀行子会社である日本有数のリース会社）の更生管財人就任の話を蹴って，S社の任意代理人になってくださった。債権放棄成功後のパーティーで，当時のS社の副社長から「よく，あんなすごい先生にお願いできたな。」と褒められたことを覚えている。正直，日頃のお付き合いで事件を受けていただけたのだと思う。

　やはりS社時代に知り合った弁護士で，早くから中国法を専門とされたY先生がいる。パーティーや勉強会等でお会いするたびに，いつか中国案件をお願いしますとお声がけしていたが，その機会はなかなか訪れなかった。先般，Y先生にお願いできる中国でのプロジェクトが当社で立ち上がった。Y先生は，いまや日本における中国法の第一人者となられ，非常に多忙な毎日を過ごされているが，気持ちよく事件を受任していただき，Y先生の全面的なバックアップのもと，困難な案件が無事終了した。

▶2　企業法務に適する弁護士（事務所）

ところで，企業法務にとって望ましい弁護士は，どのような弁護士だ

ろうか。判断力が早い，決断力がある，フットワークが軽い，経験が豊富等々，さまざまな条件が挙げられるだろう。また，迅速性が要求される企業法務では，弁護士にチームで対応してもらう必要もあり，一定規模以上の法律事務所であることも条件の一つとなることがある。

いずれにしても，企業法務にとって望ましい弁護士の第一条件は自社の実情をよく知っていることである。ビッグプロジェクトのような場合は別として，日々の法務業務に関しては，まずは自社の実情をよく知っており，フットワークの軽い弁護士（法律事務所）に継続してお願いすることが多い。顧問弁護士はその典型である。この場合企業は，（顧問）弁護士に対して，自社の内容および業界の状況を理解した上での，個々の事案についての的確かつ迅速な法的助言を求めている。

弁護士の方でクライアントの内容・業界状況を勉強してもらうのは理想的であるが，法務部門は依頼する弁護士に対して，自社および業界の情報を積極的に提供し，その理解を深めてもらう努力が必要である。たとえばメーカーであれば製造工場，また流通業であれば小売店舗の見学会を（顧問）弁護士に対して定期的に実施し，自社の製造現場・販売現場に対する理解を深めてもらう機会を提供するべきである。

私が考える企業と弁護士（法律事務所）との理想的な関わり方は，通常案件については，ホームドクターのように自社のことをよく理解しており，かつ気兼ねなく何でも相談できる顧問事務所をキープしつつ，特別なプロジェクト（大規模M&A案件や海外案件等）の場合には，大規模法律事務所または専門法律事務所にそのつど依頼するというものである。

▶3　弁護士と法務部門の役割分担

企業法務部門は弁護士の弱点を補い，また弁護士は企業法務部門の弱点を補完し，企業法務業務を処理する協同関係にある（前述総論第2

章Ⅰ「1　法務部門を設置する意義」(本書17頁))。また，企業法務業務については，(企業によって差はあるだろうが) 契約業務 (審査・作成) や一般法律問題 (相談・対応) 等については，法務部門の内製が基本であり，訴訟，M&A，ファイナンス，独禁法，知財関連等といった一部の高度な案件については外部弁護士へ依嘱するというのが通常である。

(1) **法務部員と外部弁護士の関係**

法務部員は，常日頃社内に発生しうる法律問題を予防し，また発生した法律問題を検証し対応するわけであるが，難しい法律問題や訴訟案件の場合は，顧問弁護士を始め外部の弁護士の協力を求めることとなる。大雑把にいうと，一般的には事実認定は法務部門が主に行い，当該事実の法的な解釈・適用が法弁護士の役割であるといえよう。もちろん，事実認定は法律の適用の最重要なプロセスであるから，この段階で外部の弁護士の協力を仰ぐことも十分ありうる。しかしながら，当該事実を(その背景も含め) 一番理解しているのは当事者である会社の法務部員であるので，外部の弁護士と協働する場合でも法務部員がリードするべきである。そうでなければ，法務部門は経営と外部弁護士との意思疎通を果たすためのトランスレイター (通訳) でしかなりえないこととなる。

(2) **社内弁護士と外部弁護士の関係**

社内弁護士の在籍する企業の場合はどうであろうか。企業から見て望ましい弁護士は，「自社の文化，事業の内容，市場の状況まで踏まえた助言ができる」(浜辺陽一郎『弁護士が多いと何がよいのか』(東洋経済新報社，2011年) 106頁) 弁護士であり，その点で社内弁護士はうってつけである[*1]。

その反面，社内弁護士はある程度社内の法律問題に特化することとなりがちであり，M&A，税法，金融商品取引法，倒産法等に関する最新

かつ高度な法律知識・経験は不足しがちである。このような問題については，専門性の高い多くのケースの経験豊富な外部の弁護士と協同することが企業にとって最善の選択となる。

ところで，社内弁護士は，勤務する会社について，外部弁護士よりよく知ることにより，適正・迅速な法的サービスを会社に提供できるというメリットがあるが，一方で独立性を喪失するおそれがないわけではない。つまり「社内弁護士は，社外弁護士と異なり，報酬が年給で支払われ，会社のビル内に事務室をかまえ，独立した契約関係というよりは従業員としての雇傭関係にある」からである（大矢息生『アメリカ会社法規部論』（成文堂，1997年）85頁）。アメリカの会社の法務部門についての論述であるが，日本企業の法務部門にも言えることである。日本の場合は独立した事務室を構えることは少なく，従業員としての扱いがほとんどであろうから，独立性の喪失はいっそう当てはまるものと思われる）。[*2]

アメリカでは，このような社内弁護士の独立性の喪失を防ぐため，社外弁護士をして社内弁護士の考えをチェックする（いわゆるダブルチェック）ことも多いという（大矢息生同書88頁参照）。

(3) **弁護士の管理**

「訴訟等の紛争案件を相談されている弁護士が，依頼者に希望を持たせるような強気の見通しを示していることを真に受けて，後で痛い目に遭っている企業もある。（略）しかし，依頼企業にとっては，勝ち目のない訴訟に手間・隙をかけて莫大な報酬まで取られたのではたまったものではない。そのような場合，訴訟を担当しない弁護士からセカンド・オピニオンをとるべきだろう。これによって，社内弁護士も含めて情勢を多角的に冷静に判断できる」（浜辺陽一郎・前掲『弁護士が多いと何がよいのか』106頁参照）。もちろん，社内弁護士を置く理由として，外部弁護士に委託するコストを考え原則すべての法律問題の対応を（訴訟も

含め）社内弁護士に任せる企業もあるだろう。

 ＊1 「社内弁護士としての法規部員（kept lawyer）は，会社の実体をよく知っており，会社の法的問題の原因となった背景の事実について社外弁護士よりも的確に認識し把握している。法律事務は抽象的に行われるものではなく，現実の状況に即した処理をするものであるだけに，社内弁護士の"事実の認識（knowledge of facts）"は，会社法規部のもっとも重要な利点といえる。有能な弁護士は事案の事実を正確に把握することがその仕事のもっとも難しい部分であること」を理解している（大矢息生・前掲『アメリカ会社法規部論』67頁）。「社内弁護士は社外弁護士と異なり"自分の依頼者は一人"という立場にあり，社内の実情や組織等の知識を正確に把握している」のである（同書92頁）。

 ＊2 社内弁護士を擁する法務部門にも次のような不利性がある。「社内弁護士と会社との間に密接な関係が生まれ，社内の事情にうとくなり，社内弁護士がその細部の活動と全体との密接な関係を見逃しがちになり，さらに会社の方針に盲従する危険があり，そのうえ，社内弁護士は法的な視点よりビジネスの観点から法律問題を考えようとする危険性がある。」（大矢息生・前掲『アメリカ会社法規部論』216頁）。

Ⅱ 信用調査会社

　債権管理（与信）・債権回収業務を行う際には，信用調査会社を利用することも多いだろう。信用調査会社の中には，企業に特化して調査を行う会社から，個人情報の入手を中心に行う探偵会社（興信所）のような会社まで，さまざまな会社があるが，企業情報を中心に扱う大規模な信用調査会社としては，次に掲げる会社が知られている。各社とも特徴があるので，自社に合う調査会社を選べばよい。一般的には，調査会社の規模の大小よりも，自社の業界に精通している信用調査会社であることが望ましい。

① 　株式会社帝国データバンク（本社：東京都港区南青山2-5-20）（http://www.tdb.co.jp/index.html）

　1900年（明治33年）年創業の，国内最大の信用調査会社。アメリカ・韓国にも関連会社を有する。

② 　株式会社東京商工リサーチ（本社：東京都千代田区大手町1-3-1 JAビル）（http://www.tsr-net.co.jp/）

　1892年（明治25年）創業。アメリカの大手調査会社Dun & Bradstreet社と提携して，海外企業の信用調書である「D&Bレポート」の国内独占販売権を有しており，世界200カ国超，2億円以上の企業情報を提供している。

③ 　株式会社リスクモンスター（本社：東京都千代田区大手町2-2-1 新大手町ビル1階）（http://www.riskmonster.co.jp/corporate/）

　創業から10余年と比較的社歴は浅いが，商社（双日）の与信管理のノウハウを生かし，またいち早くインターネットを利用した与信管理システムを提供する等，他社にない独自の優れたサービスを提供して

いる。
④　東京経済株式会社（東京本社営業本部：東京都中央区築地3丁目10番2号（第6東経ビル）（http://www.tokyo-keizai.com/）

九州出身の調査会社。創業10年で全九州に支店・支社・支所を開設。1972年（昭和47年）に東京に進出し，現在は北は仙台から南は沖縄まで30事業所を有する。

これ以外にも，特定の業界に強みを有するなど，特徴のある調査会社も存在する。
①　株式会社食品速報（http://www.syokuhinsokuho.jp）

水産・農産・食肉，加工食品など食品業界の諸企業に特化した信用調査会社。
②　信用交換所グループ（http://www.sinyo.co.jp/）

株式会社信用交換所大阪本社，株式会社東京本社，株式会社名古屋本社，株式会社京都本社の4社でグループを構成し，繊維関連業界に特化した信用調査会社。
③　レンゴー調査株式会社（http://www.rengo-chyosa.jp/cgi-bin/index2.cgi）

木材，建材，住宅機器，家具木工，建設など住宅関連産業専門の調査会社。
④　東京信用調査株式会社（http://www.tokyobusiness.jp/）

大手調査機関とは差別化したサービスの提供と，マンツーマンシステムによる対応を売りとする。

（以上，各社の詳細な情報についてはリスクモンスター株式会社編『与信管理論』（商事法務，2012年）208頁以下を参照）。
⑤　株式会社データマックス（http://www.data-max.co.jp/）

福岡を本拠地として九州を中心に東京や上海にも拠点を有する。

ところで，信用調査会社を利用する場合には，日頃から担当者と親しくしておくことが望ましい。それは，信用調査を依頼した場合，ともすると画一的な調査が行われることが多く，依頼者の名を出さずに直接対象会社に聞き取り調査を行うだけのことも多いからである。S社時代には，信用調査会社の担当者と仲良くなり，思わぬ裏情報（信用不安情報）を入手して未然にトラブルを防ぐことができたこともあった。ただし，この場合，信用不安の段階で下手に対応（相手方との契約解除等）すると，損害賠償責任が生じるおそれもあるので慎重に対応しなければならない。

Ⅲ　各種外部団体

(1)　**経営法友会**（http://www.keieihoyukai.jp/）

　経営法友会（1971年に，"企業法務実務担当者の情報交換の場"として発足した法人単位の会員組織。企業内の法務担当者によって組織され，現在の会員数は1000社を超える（2013年（平成25年）3月現在1,081社）。なお，事務局は公益社団法人商事法務研究会内に置かれている）における各種活動に積極的に参加することも有益である。経営法友会では，月例会（東京と大阪でそれぞれ毎月4回前後実施される会員向け無料セミナー）の他に，希望会員をメンバーとして企業法務実務向け「マニュアル」を適宜作成しているが，このような活動等に積極的に参加して，経験を得または情報交換をすることもよい。かくいう私も過去に「『会社設立マニュアル』作成研究会」に参加したことがあり，その機会にさまざまな他社の法務担当者と知己を得て，その後の業務に大いに役立った。

(2)　**株式懇話会**（http://www.kabukon.net/）

　上場会社の総務担当者であれば，必ず知っている組織である。東京株式懇話会，大阪株式懇話会を始め各地の懇話会・研究会（全12）が全国株懇連合会（全株懇）を構成している。全株懇は，「株式に関する法律と実務の調査・研究，会員会社相互の情報交換・交流を行い，また関連法制度に関する意見提言等を行う，株式実務担当者の集まり」である。会社法関連の議事録，通知書等の情報を得るために，ほとんどの上場会社が会員となっている。総務部門または法務部門の担当者が参加者となることが多く，S社の場合は法務部員が参加していた。またN社に法務

部長として入社した際にも，上場準備のために直ちに東京株式懇話会に入会した。

(3) その他

　法務部門の業務というよりも，総務部門の業務であると思うが，いわゆる反社会的勢力対応のために次のような組織に参加することも有益である。

① **公益社団法人警視庁管内特殊暴力防止対策連合会（特防連）**
　　（http://www.tokubouren.or.jp/activity/list.html）
　東京都内に本店のある企業は，地区特防協に加盟する（会員となる）ことで，様々な情報（研修会含む）を得ることができる（平成24年3月1日現在53地区，会員数2480社）。会員となるには，通常は，本店所在地を管轄する地区特防協に加盟することとなる。

② **全国暴力追放運動推進センター（暴追センター）**
　　（http://www1a.biglobe.ne.jp/boutsui/）
　平成4年3月の暴力団対策法（「暴力団員による不当な行為の防止等に関する法律」）の施行に伴い，各都道府県に都道府県暴力追放運動推進センター（略称都道府県暴追センター。公益財団法人）が設置された（同法32条）。同センターの会員になることで，暴力団の情勢や暴力団からの不当要求に対する対処方法等に関する講習や相談を受けることができる。

　このような横断的な組織に加入して，情報を得るとともに，日頃から本店を管轄する所轄警察とは，盆暮れの挨拶を行う等の関係を築いておくことが望ましいのではないか。N社に在籍していたときは，所轄署には盆暮れの挨拶を行うとともに，警視庁管内の柔・剣道大会で好成績を収めたときはお祝いを持参する等してコミュニケーションを築いていた。

第6章

法務部門に必要なツール

第6章　法務部門に必要なツール　193

　ここでは新たに法務部門を設定した場合に必要となる書籍等の業務に必要なツールを紹介する。

I　法律書籍

　企業法務においては，民法・商法・会社法・民事訴訟法等の基本法に関する知識および理解が大前提となるが，それ以外に多くの法律や事柄について理解しておく必要がある。そこで，本章では企業法務実務に役立つ基本書（体系書）や雑誌等を御紹介する。

　ここでご紹介する基本書等は，法務担当として筆者が過去に実際に用いた，あるいは現在用いている書籍で，なるべく現在販売中のもので，比較的簡単に入手できるものを挙げたが，中には絶版となったものであっても類書にない価値があるものは紹介している（中古でよければamazon等で比較的容易に入手可能である）。

　これらの基本書等は，自己の勉強のために自腹を切ってでも買って読むべきものであるが，コンメンタール等については費用負担が大きい（非常に高い）ので，無理をせずに会社の費用で購入するよう要求した方がよいだろう。紙幅の関係で一部しか紹介できないが，これ以外にも実務に役立つ書籍は多数存在することを念のために申し添える。

▶1　民　法

(1)　**基本書**

　契約法務をはじめ企業法務の基礎となる法律は，やはり民法である。

司法試験受験生等でもない限り，民法の体系書をじっくり読み込むことは困難であろうが，日々の業務で疑問が湧くことがあれば基本書の該当箇所だけでも読み込むようにしたい。

① 我妻榮『民法講義Ⅰ～Ｖ４』（岩波書店）

『新訂民法総則（民法講義Ⅰ）』（1965年）

『新訂物権法（民法講義Ⅱ）』（有泉亨補訂，1983年）

『新訂担保物権法（民法講義Ⅲ）』（1968年）

『新訂債権総論（民法講義Ⅳ）』（1964年）

『債権各論上巻（民法講義Ｖ１）』（1954年）

『債権各論中巻一（民法講義Ｖ２）』（1957年）

『債権各論中巻二（民法講義Ｖ３）』（1962年）

『債権各論下巻一（民法講義Ｖ４）』（1972年）

いわずと知れた「我妻民法」である。いまや古典ではあるが，民法を深く考察するときは必ずこの本にたどり着くのではないか。前著『契約業務の実用知識』でも述べたが，民法の問題で悩んだときにはこの本のどこかにその解答（またはヒントが記されている）といえる。

筆者が若い頃，企業法務の道へ進む前，営業マン時代に読んだ小説の中に，「民法講義」に関する記述がある。主人公である商社審査課長の優秀な部下（大学時代は剣道部に在籍し，剣道４段）が独学で法律を学ぶために民法講義を毎日読むというものである。少し長いが，該当箇所を引用してみたい。

「この一年余の間，小早川は毎朝４時から５時の間に起床する義務をみずからに課していた。彼は，まだ人が安眠を貪っている時刻にベッドから抜け出し，独身寮の狭い庭で木刀を振るった。そして，我妻栄の『民法講義』に没頭──。このような生活が，正確には一年３ヶ月

続いていた。小早川は，畿内商事審査部の六年の経験で，実務的な知識は相当量蓄積したと自負してはいたものの，一度，それらの知識の断片を体系のなかできっちり整理する必要を痛感させられていた。……（略）……もっとも，法学部出身でありながら法律を好まない小早川にとって，この訓練は苦痛以外の何物でもなかった。（略）しかし，このような努力を一年近く続けたある朝，小早川はいつの間にか自分が二つか三つ上の階段にたっていることに気がついた。」（高任和夫『商社審査部25時』（講談社文庫，2005年）324頁（初出は商事法務研究会，1985年））。

初めて同書を読んだ時は，こんな古くさい書籍を読むとは，時代にずれていると思ったが，企業法務を始めるようになって，民法講義の素晴らしさを初めて知った。なお，高任氏は三井物産の現役の審査マン時代に同書を執筆され，国内審査管理室長を最後に同社を退職され，その後作家活動に専念されている。

また，我妻民法を比較的コンパクトにまとめたものといえる，通説をもととした基本書である松坂佐一『民法提要』（総則〜債権各論）（有斐閣）も有益である（少し前に在庫切れとなっているが，現在はオンデマンドの方法で購入できる[*1]）。筆者はS社時代これを基本書としていた。

*1 オンデマンドとは，出版社が在庫を持たず，客からの注文のつど1冊から制作をする出版のことで，ある程度の需要がなければ重版・復刊できなかった品切本・絶版扱い本が，1冊単位で求めることができる（有斐閣ホームページ参照）。有斐閣以外にもいくつかの出版社において，一部書籍はオンデマンドで購入することができる。
　なお，在庫切れとなっている書籍でオンデマンド化されていなくても，amazonやインターネットサイトの「日本の古本屋」（古本検索で国内最大のサイト。約900軒の業者が参加し，書籍データ数は600万件

超で随時更新されている。http://www.kosho.or.jp/servlet/top）等で欲しい書籍を見つけることができる。

② 内田貴『民法Ⅰ～Ⅲ』（東京大学出版会）

> 『民法Ⅰ（総則・物権総論）〔第4版〕』（2008年）
> 『民法Ⅱ（債権各論）〔第3版〕』（2011年）
> 『民法Ⅲ（債権総論・担保物権）〔第3版〕』（2005年）
> 『民法Ⅳ（親族・相続）〔補訂版〕』（2004年）

いわゆる「内田民法」であり，最新の理論をもとに民法全体をコンパクトに解説している。とりあえずこの本があれば大抵の実務の問題に対応できる（前著『契約業務の実用知識』でも「契約準備段階の過失」や「転抵当権」等の項目で，本書を引用している）。

法律の教科書として2色刷りを採用した先駆けの一つであり，この本が好評を博したことによって法律書籍の「横書き」が一挙に広まった。この本の特色は，「従来の体系書や概説書と異なり，独習者・予習者を想定した『教科書』である」（『民法Ⅰ（総則・物権総論）〔第4版〕』はしがきより）点にある。その特長は今でも他書の追随を許さないが，いささかコンパクトであるので，本書を読んで疑問点が生じた場合は，我妻民法やコンメンタールを併用する必要がある。

③ 加藤雅信『新民法大系1～5』（有斐閣）

> 『民法総則（新民法大系1）』（2005年）
> 『物権法（新民法大系2）』（2005年）
> 『債権総論（新民法大系3）』（2005年）
> 『契約法（新民法大系4）』（2007年）
> 『事務管理・不当利得・不法行為（新民法大系5）』（2005年）

前述の我妻民法は，古典であり，当然ながら最近の法律・理論や新たな法的問題・制度には対応していない。本著はこの不満を解消してくれる好著であり，民法総則から不法行為まで，民法全編を網羅した体系書であるとともに，実務上の問題点にももれなく触れている。個人的に一番信頼している著書である。

　④　道垣内弘人『担保物権法〔第3版〕』(有斐閣，2008年)

　技術的側面が強く，複雑なため理解しづらい担保法をコンパクトにかつ非常にわかりやすく解説している。筆者は民法全分野をカバーする体系書を未だ書かれていないのが残念であるが，民法の入門書である『ゼミナール民法入門〔第4版〕』(日本経済新聞出版社，2008年)(「入門」となっているがレベルは高く，企業法務にも役立つ記述が多い)も非常に有益である。

　⑤　中田裕康『債権総論新版』(岩波書店，2011年)

　「継続的売買の解消」や「継続的取引の研究」の論文で有名な民法学者が著した，債権総論の最新の体系書である。「基礎的知識から先端的な問題までを幅広くカバー，債権総論の現在の水準を示し」(出版社紹介文より)た，優れた体系書である。往年の「法律書の岩波」を思い起こさせる好著である。

(2)　コンメンタール

　ピンポイントで具体的な問題を深く検討する場合には，コンメンタールも必要となる。

　①　新版注釈民法 (有斐閣)

　民法の複雑な問題に対応するために，有斐閣の「注釈民法」があれば便利かつ完璧である。ただし膨大な分量であるとともに，法令の改廃へのアップデートが一部遅れているので，自分が必要とする部分の巻のみ購入するのも手である。

② 別冊法学セミナー『基本法コンメンタール（民法総則～債権各論）』（日本評論社）

新版注釈民法は民法のコンメンタールの中で最高峰であるが，大部である。本シリーズは手軽な上に適宜アップデートされており便利である。

▶2　商法・会社法・金融商品取引法

(1)　商　法

① 江頭憲治郎『商取引法〔第6版〕』（弘文堂，2010年）

商取引法（商行為法・保険法・海商法）の名著である。特に第1章商人間の売買（第1節国内売買，第2節国際売買は出色）は出色である。はしがきにも書かれているとおり，商法総則についても，一箇所にまとめて論述はしていないが，実際上問題となる各部分において十分に論述されている。

② 落合誠一＝山下友信＝大塚龍児『商法Ⅰ──総則・商行為〔第4版〕』（有斐閣，2009年）

いわゆるＳシリーズの1冊。商法総則と商行為を実務も踏まえ，コンパクトに解説している。

(2)　会社法

① 江頭憲治郎『株式会社法〔第4版〕』（有斐閣，2011年）

ご存じ江頭憲治郎教授は会社法の最高権威であり，会社法に関する問題は，まずこれ1冊で足りる。しかしながら，比較的難解な著書であるので，会社法が苦手な方は②や③の著書を併用すればよい。筆者は注釈が多い書籍は苦手であるので，本書を辞書的に利用している。

②　前田庸『会社法入門〔第12版〕』（有斐閣，2009年）

　はしがきで著者は会社法は得意ではなかったと謙遜されているが，初心者でもわかりやすい記述を心がけておられる。①は難解であると感じるか，またそこまで詳しい知識等が必要ない場合は，こちらの本がおすすめ。

③　近藤光男『最新株式会社法〔第6版〕』（中央経済社，2011年）

　注釈部分が少なく，平易な文書でコンパクトに会社法全体を記述しており，ちょっとした調べ物をしたいときには，おすすめの本である。定期的にアップデートされている。ただし，ボリューム的には①および②に及ばないため，詳しく調べたいときには向いていない。

④　神田秀樹『会社法〔第15版〕』（弘文堂，2013年）

　名著である故鈴木竹雄先生の『会社法』（法律学講座双書，弘文堂）の伝統を引き継いだ，コンパクトでかつ最高水準の会社法の基本書。平成13年の初版から，毎年改訂を重ねており，常に最新の記述であり，安心して利用できる。特にここ数年は毎年度末の改訂となっており，いわば風物詩ともいえる。コンパクトではあるが，その薄さの中に非常に濃い中身がギュッと詰められており，初学者には些か難物である。

⑤　落合誠一＝神田秀樹＝近藤光男『商法Ⅱ──会社〔第8版〕』（有斐閣，2010年）

　Sシリーズの一つ。会社法全体をコンパクトに解説している。読みやすく，かつ企業法務実務に必要となる論点は網羅的に記述しており，結構役に立つ。

⑥　ハンドブックシリーズ（商事法務）

　①株主総会ハンドブック，②合併ハンドブック，③会社分割ハンドブック，④商業登記ハンドブック等のいわゆる「ハンドブック」シリーズである。いずれも，基礎から応用編まで記述されており，大抵の問題に対応できる。

⑦　今井宏監修・成毛文之著『議事録作成マニュアル〔新訂第4版補訂版〕』（商事法務，2008年）

　上場しておらず，株式懇話会に属していないため株主総会議事録・取締役会議事録の記載例が手に入らない企業の法務・総務担当に向いている。各議案をコンパクトに紹介しており，各種議事録作時に役立つ。

⑧　『株主総会想定問答集（別冊商事法務・年度版)』（商事法務，年1回刊行）

　総会の準備・運営のための想定問答集の定番。想定問答集は，基本的な部分（議長の議事整理等）は毎年あまり変更ないが，やはり想定問答には毎年のトレンドがあるので，株主総会担当者は，毎年必ず新版を手元に置いている。平成25年2月に刊行された同年版では，株主からの質問が予想される尖閣諸島問題による中国での影響，消費税増税・復興増税への対応，改正が見込まれる会社法に対する今後の取組方針などの新規質問190問を含む全1431問を収録している。

⑨　田路至弘編著・岩田合同法律事務所山根室著『株主総会物語』（商事法務，2012年）

　定時株主総会終了直後に新たに総会責任者として総務部に異動してきた主人公が，部下のサポートのもと，翌年の定時総会までに慣れない株主総会業務をこなしていきながらも，初めての株主総会を無事に終了するまでの物語である。従来も他の法律分野では，ストーリー物の書物は散見されたが，本書はストーリー自体が面白いうえに，ストーリーに沿って，必要十分な論点が，関連する学説・判例を挙げながら的確に解説されており，また総会実務についても説明がなされている。総会担当者として理解していなければならない法定書類についても，法的根拠とともにわかりやすく解説されている。これを読めば株主総会に関する他のノウハウ本は不要であるといえる。

　筆者も10数年上場会社の株式業務を経験してきたが，当時を懐かしく

思い，また当時と最近の株主総会業務の違いに驚きながらも，一気呵成に読み終えた。株主総会業務という，とっつきにくくなじみにくい法務業務を非常に興味深く生き生きと描いた，異色の好著である。

(3) 金融商品取引法

① 松尾直彦『金融商品取引法〔第2版〕』（商事法務，2013年）

金融商品取引法の第一人者である著者が書かれた，金商法の体系書（概説書）である。全600頁超と比較的大部であるが，金商法を1冊にまとめたコンパクト体系書といえよう（ご存じのとおり，金商法関連の著作物は，複数冊となるものが多い）。

コンパクトではあるが，必要な事柄はすべて網羅されており，標準的なテキストとして安心して利用できる。

② 「金融商品取引法について」金融庁ウェッブサイト

(http://www.fsa.go.jp/policy/kinyusyohin/index.html)

書籍ではないが，金融商品取引法監督官庁である金融庁のウェッブサイトに掲載されている金商法概要や政令・省令概要，また質疑応答集などが比較的役に立つ。

(4) コンメンタール

民法と同様に会社法においても優れたコンメンタールがいくつかある。

① 会社法コンメンタール（商事法務）

江頭憲治郎教授，森本滋教授をはじめとする当代を代表する錚錚たるメンバーが編者を勤め，わが国最高レベルの執筆陣による会社法コンメンタールである。全21巻を予定しており，順次刊行が進んでいる。旧会社法における有斐閣の会社法コンメンタールに代わるものである。

② 奥島孝康＝落合誠一＝浜田道代編『別冊法学セミナー・新基本法コンメンタール会社法1・2・3』（日本評論社）

奥島孝康先生，落合誠一先生，浜田道代先生といった一流の学者が編者を勤めており，安心して利用できるコンパクトなコンメンタール。

▶3　独禁法・下請法

正直独禁法・下請法については苦手意識がある。というのも筆者の経験不足・実力不足が原因だろうが，独禁法はどうも理論的に解が導き出せない気がする。つまり，どこまでの範囲であれば自由競争が許されるかが，正直わかりかねる場合が多い。一般的な基本書としては，著名な学者・弁護士の著者が多数あるが，その中からあえて次の著書をご紹介する。

① 根岸哲＝杉浦市郎編『経済法〔第5版〕』（法律文化社，2010年）

「経済法」というタイトルではあるが，そのほとんど（本文288頁中234頁）が独禁法について書かれている。独禁法の基本的な考えや論点がコンパクトに述べられており，初心者におすすめ。

② 伊東章二＝丸橋透＝松嶋隆弘編著『〔改訂版〕下請の法律実務』（三協法規出版，2012年）

下請法の下請取引規制について，実務上知っておくべき事項を網羅した実務解説書であり，下請法以外にも，同法が対象としない建設業法上の下請取引規制についても触れている。実務解説のみならず，研究者による理論的解説を伴い，理論と実際の両面から下請法にアプローチした1冊である（出版社紹介文より）。主要な体系書がすべて参照されており，最新の出版であるので安心して利用できる。

※通常の出版物ではないが，下請法については公正取引委員会等が実施している講習会で配布される「下請取引適正化推進講習会テキスト」（次

のページからダウンロードできる。http://www.jftc.go.jp/houdou/panfu.html#cmsshitauke）が実務上は一番役に立つと思われる。

▶4 契約実務

(1) 日本文契約

① 契約法研究会編『現代契約書式要覧』（新日本法規）

契約の種類ごとに，それぞれ実務的・学問的見地から判例および学説を引用しその契約についての解説を掲げ，次に契約文例とともに契約書を作成するうえでの留意事項が詳しく説明されている（出版社紹介文より）。いわゆる加除式であり，全7巻と大著であるが，これ1冊があればまずは通常の契約書作成業務のほとんどに対応できる。筆者が企業法務を始めたS社で出会った書籍で，この本から多くのことを学んだ。

② 滝川宣信『取引基本契約書の作成と審査の実務〔第4版〕』（民事法研究会，2012年）

定評のあるロングセラーであり，多くの法務担当者が利用している。「取引基本契約」に特化して記載されているため，筆者としては特に利用していない。

③ 田路至弘『法務担当者のためのもう一度学ぶ民法（契約編）』（商事法務，2009年）

契約業務を行うためには，民法・商法等の実体法，ひいては契約を履行させるための民事訴訟法・民事執行法等の手続法の知識が必要である。筆者は「契約書を作るには何を考えて作れば良いのか，目的物に瑕疵があった場合どこまで補償しなければならないのか，相手方が契約を履行しなかったらどうすれば良いのか，そういった非常に基本的ともいえる問題に答えることのできる法務担当者がどれだけおられるだろうか」

（同書はしがき）といわれている。法務担当者として，耳の痛いところである。

　筆者は，企業に勤めた経験（株式会社神戸製鋼所に5年間）もお持ちの弁護士で，楽しく読め，思わずなるほどとうなずいてしまう。「企業間の取引において，引き合いから契約交渉，契約書の作成，契約の履行，解除，損害賠償，強制執行等について，実際の裁判例や筆者が経験した実例を紹介しながら，企業の法務担当者が押さえておくべき勘所を解説」（同書はしがき）している。契約業務に慣れた方にも，契約業務の基礎を振り返るために役立つと思う。

　同書と併せて，**米倉明『プレップ民法〔第4版増補版〕』（弘文堂，2009年）**も一読をおすすめする。「甲乙間には売買契約は成立していない，だから甲乙間には何らの法律関係も生じない，生じようがない（乙が迷惑を受けても仕方がない）などといったとしたら，それはおかしいだろう。おかしいと思わなかったら，その人の法的センスがおかしいのだ。」（同書5頁）というように，思わずそのとおりとうなずいてしまう記述や，なるほどと感心する記述が随所に見られる。売買契約における危険負担の記述は特に秀逸である。

　④　**堀江泰夫『契約業務の実用知識』（商事法務，2010年）**

　「契約書に関する書籍は多数出版されているが，その多くは各種契約書の書式集であり，また契約書を通じて民・商法等の法律を解説したものであり，契約書作成の実務に重点を置いたものは比較的少ないのではないかと思う。そこで，本書では，企業法務として，拙いながらも長らく契約業務に携わってきた筆者の経験をもとに，契約を実際に作成するために必要となる視点と知識をご紹介したい。」（同書はしがきより）。

　拙著であるが，現役の法務担当者が書いたものであるので，その点で何らかの参考になるのではないかと思う。他社の法務担当者からも本音で書かれた書籍で感銘を受けた，との嬉しいお言葉をいただいている。

⑤　植草宏一＝松嶋隆弘編著『契約書作成の基礎と実践――紛争予防のために』（青林書院，2012年）

　契約業務の第一線に立つ弁護士，大学教授にかかる共著である。題名のとおり，契約書作成・審査の前提となる法律理論を基本から学ぶことができる。契約関係の書物は多数出版されているが，契約実務と法律理論を同時に学ぶことができる好著である。「売買契約書と税務」を特別の章で説明するといった類書にない特徴もある（僭越ながら，筆者も一部分執筆させていただいている）。

※契約法務においては，最低限の印紙税の知識・理解が必須であるが，国税庁のホームページにアップされている「印紙税の手引」（毎年10月に更新される，PDFファイルでダウンロードできる）(http://www.nta.go.jp/shiraberu/ippanjoho/pamph/inshi/tebiki/01.htm)　が非常に役立つ。

(2)　英文契約

①　山本孝夫『英文ビジネス契約書大辞典』（日本経済新聞社，2000年）

　初めて外資系企業のＤ社に入社したとき，従来英文契約の経験がなかったため，非常に苦労した。そのときに出会ったのが本書である。本書のおかげで非常に救われた。本書は，各種契約（売買契約，ライセンス契約，販売代理店契約，合弁事業契約等）別に条項ごとの構成・記述となっており，まさに大辞典の名にふさわしい。本書には「CD-ROM版英文ビジネス契約書大辞典」もあり，CD-ROM版をパソコンにインストールすることで，英文契約書の修正業務に簡単に対応することができる。残念ながら現在CD-ROM版は販売されていないようである。

　本書の発行は2000年と少し古いが，増刷ごとに改訂・加筆修正が行われている（筆者の手元のそれは，2006年の第4刷）。

② チャールズ・M・フォックス著・道垣内正人監訳・日立製作所法務本部英米法研究会訳『英文契約書作成の作法』（商事法務, 2012年）

「法学部・法科大学院の講義では教えてくれないが, 実務では必要なことを, 毎日, 法律業務に携わっている人たち向けに, 契約書ドラフティング実務に焦点を当てて, 米国の弁護士が分かりやすく解説した書物」（監訳者まえがきより）である。英文契約に関する本ではあるが, 日本の契約書の契約実務にも十分に有用である。特に, 最近日本の法律でも用いられることの多い「表明・保証」条項についての説明は必読である。

③ 菊池義明『契約・法律用語英和辞典』（IBCパブリッシング, 2008年）

海外ビジネス, 英語契約・法律に必須の用語1万2000項目を収録した英和辞典である。実際の文例を訳例つきで掲載し, 契約書特有の語句やラテン語まで収録している。絶版となった1997年洋販出版刊『英和契約・法律基本用語辞典』が改題増補されたものであり, やはりD社在職中にこの『英和契約・法律基本用語辞典』に出会い非常に助かった。

④ 小山貞夫『英米法律語辞典』（研究社, 2011年）

英米法の領域で用いられる用語・術語を, ローマ法・ヨーロッパ大陸法・アングロサクソン法関係を含めて, 幅広く採録している。英米の法・法制度を理解する上で必携。この分野では, 従来は田中英夫編『英米法辞典』（東京大学出版会, 1991年）が独擅場であったが, これを上回る非常に利用価値の高い英米法律語辞典である（筆者は田中英夫編『英米法辞典』にも執筆・校閲（執筆578項目, 校閲139項目）している。本著があれば, 有名な『Black's Law Dictionary』は必要ないのではなかろうか。英米法, 法律英語に関係する者には必携の書。巻末に, 索引を兼ねた法律用語和英対照表が附属しているのも役に立つ。

⑤ 杉浦保友＝菅原貴与志＝松嶋隆弘『英文契約書の法実務——ドラフティング技法と解説』（三協法規出版, 2012年）

筆者が初めて外資系企業（D社）の法務部門へ転職した2000年当時は,

英文契約書の参考書はそこそこ出版されてはいたが，これぞという物に出会うことがなく，初めての英文契約書業務に苦労した。最近（特にここ数年）は英文契約書関連書籍の出版が相次ぎ，さまざまな特色をもつ有益な書籍も増えてきた。その中でも本書は，①「気鋭の大学教授，企業法務の経験豊富な弁護士，ビジネス最前線の法務部員による共著」であることと，②「英文表現については，執筆者の原文を英語の専門家，および英語を母国語とする弁護士が監修している」点に特長がある。

本書は「コモンロー，とりわけ米国法とイギリス法の実務をベースに契約書を示し，条項や用語を解説」しており，さらに国際物品売買契約に関する国際ウィーン売買条約とともにそれを支える国際契約法であるユニドロア国際商事契約原則も記述している。英文契約書ドラフティングのための実務上のアドバイスも随所に盛り込んでおり，信頼のおける最新の書籍である。

▶5　債権回収

①　**権田修一『債権回収基本のき〔第3版〕』（商事法務，2011年）**

タイトルどおり初学者でも基本から一通りの債権回収の実務を学ぶことのできる好著。改版のたびに最新の実務に関する記述も補充されている。

②　**古曳正夫『条文にない債権回収の話』（商事法務，2003年）**

「債権回収は，他に先んじるアイデア勝負。ほんの少し発想を転換した，債権回収現場で有力な武器になるテクニックを紹介します。実務担当者のバイブルとして役立つ一冊」（出版社紹介文より）。

残念ながら，現在は販売されていないようであるが，中古市場で比較的容易に手に入れることができる。筆者は，森・濱田松本法律事務所の前身の，森総合法律事務所の元代表弁護士である。直接お会いしたこと

も数回あり，軽妙洒脱なお話をされる独特な雰囲気をもった方である。筆者が30歳すぎの頃，初めて古曳先生とお会いしたときに，ある事例で「その行為は，詐害行為取消権の対象となり，まずいのではないですか。」と質問したところ，「なったとして，何が問題ですか？　詐害行為取消訴訟において，和解して原告（取り消し権者）と折半すれば得をするじゃない。」といわれ，思わず目から鱗で「そんなことしていいんですか？」と聞き返したことがある。教科書だけでは理解できない，債権回収の神髄が理解できる好著である。

「倒産会社がA社に不動産・売掛債権を譲渡し，これが詐害行為にあたるとする。その後，Aは不動産を第三者に転売し，売掛債権を回収した。この場合，債権者XがA社に対して詐害行為取消訴訟を提起（した場合），……

勝訴判決に基づいてX社がA社から金を受け取った場合，X社がこの金を全債権者に渡す法的義務はないし，その方法も定められていない。したがって，X社は勝訴判決によって得た金を自分の債権の弁済に充当することになってしまう。この結果は，他の債権者たちからみると，詐害行為者がA社からX社に変更されただけのことで，彼らは勝訴判決による恩恵を何も受けない。

敗訴して元も子もなくなることをおそれるA社，X社との間で，非常にしばしば和解が成立する。その内容はもちろん「半分ずつ分ける」である。」(同著7頁。(した場合)は筆者が変更)。

　③　川野雅之＝権田修一『現場目線の債権回収』(商事法務，2011年)

中小企業を対象とする企業再建コンサルタントとして有名な川野雅之氏と①の著者である権田修一弁護士の共著。債権回収にあたって，具体的には何をすればよいかについて述べた類書のない本である。一読をおすすめする。

④　リスクモンスター株式会社編『与信管理論』（商事法務，2012年）

　債権回収を行う以前に必要な業務が与信管理であり，取引先と取引を開始するに当たり，また取引を開始した後にも必須の業務である。従来この与信管理について正面から取り組んだ書籍はほとんど見当たらなかったのではないか。与信管理の理論と実際の社内体制の構築の仕方から始まり，個々の取引における与信管理のポイント，さらに与信管理と債権回収との連動等，与信管理に関する総合辞典ともいえる大著である。

⑤　堀龍兒『〔新訂版〕債権管理・回収の知識』（商事法務研究会，2000年）

　長年日商岩井（現双日）で法務業務を担当され，双日専務執行役員を最後に早稲田大学に転じられ，現在は早稲田大学大学院法務研究科教授をされている企業法務の大先輩が書かれた本である。債権管理・回収業務について実務家の視点からわかりやすく記述された好著である。出版から時間がたち，法令の改廃等に対応していないが，いまでも十分に参考となる。新版の発行を望む。

▶6　民事訴訟法等

①　伊藤眞『民事訴訟法〔第4版〕』（有斐閣，2011年）

　通説に立ち，また裁判実務も取り入れた現在最も信頼できる民事訴訟法の体系書の一つである。適宜改訂されており，安心して利用できる。

②　伊藤眞『破産法・民事再生法〔第2版〕』（有斐閣，2009年）

　清算型法的手続の代表である破産法と再生型手続の代表である民事再生法を解説した基本書。この1冊があれば倒産処理法へのとりあえずの対応が可能である。また，著者の新作である**『会社更生法』（有斐閣，2012年）**は会社更生法についての最新かつ唯一の体系書である。

③　田路至弘『法務担当者のための民事訴訟対応マニュアル』（商事法務，2005年）

4(1)③で紹介した『法務担当者のためのもう一度学ぶ民法（契約編）』の著者の田路弁護士の著書である。企業法務においては，訴訟対応も重要な業務であり，特に応訴対応（被告としての対応）については，各人とも十分に理解しておかなければならない。本書は，訴訟から企業を防衛するため，裁判の被告となった企業が自らを防衛するために，法務担当者として最低限理解しておく知識をコンパクトにまとめている。本書は，企業が訴訟の矢面に立たされたことを想定して，訴訟がどのように進んでいくのか，また訴訟の場面ごとにおける訴訟行為や，裁判官の行動がどのような意味をもつか等について書かれた，類書のない法務担当者向けの民事訴訟の教科書である。

▶7　労働法

①　菅野和夫『労働法〔第10版〕』（弘文堂，2012年）

労働法の定評ある基本書。アップデートも頻繁になされており，安心して利用できる。とりあえず，これ1冊あれば通常の労務問題には対応できる。現在考えられる労働法の最高峰の1冊である。

②　水町勇一郎『労働法〔第4版〕』（有斐閣，2012年）

菅野教授の労働法は大著であり，通しで読むことはなかなかに骨が折れる。そういう方におすすめの本。最新の法動向・判例にしっかり対応した上で，親しみやすい事例を用いながらわかりやすく解説されている。

▶8 その他

(1) 法律一般

① 青林書院「青林法律相談」シリーズ,「新・青林法律相談」シリーズ

「青林法律相談」は，青林書院が発行する全29冊の法律相談シリーズであり，「新・青林法律相談」は，「青林法律相談」を更に充実させ「新」青林法律相談として刊行したものである（出版社より）。

いずれも実務で疑問となることが多い点がコンパクトに解説されており，役に立つ。「青林法律相談」は，在庫切れの巻が多いのが残念である。筆者は『独占禁止法の法律相談〔新訂版〕』（新・青林法律相談，2010年），『著作権の法律相談〔改訂版〕』（青林法律相談，2005年），『公正証書・認証の法律相談〔第3版〕』（青林法律相談，2009年）を利用している。

② 日経新聞社「日経文庫」シリーズ

日経新聞社から，「日経文庫」で発行されている〔D法律・法務〕シリーズの中には手軽で役に立つ書籍がある。筆者は，『金融商品取引法入門〔第5版〕』（黒沼悦郎），『会社分割の進め方〔第3版〕』（中村直人＝山田和彦）を利用している。特に後者はおすすめである。

この他，企業法務に関係するものとして，『会社法務入門〔第4版〕』（堀龍兒＝淵邊善彦），『契約書の見方・つくり方』（淵邊善彦）等も気軽に読めて役に立つ。

③ 弘文堂「プレップ」シリーズ

「これから法律学にチャレンジする人のために，覚えておかなければならない知識，法律学独特の議論の仕方や学び方のコツなどを盛り込んだ，新しいタイプの"入門の入門"書」（出版社より）。

法学から訴訟法まで各法律について出版されている。前述のとおり

「民法」（米倉明）は非常なおすすめであるし，『法学を学ぶ前に』（道垣内弘人），『租税法』（佐藤英明），『破産法』（徳田和彦），『労働法』（森戸英幸）等もユニークな視点で書かれており，興味深い。

④　商事法務「判例インデックス」シリーズ

瀬戸英雄＝山本和彦編『倒産判例インデックス〔第2版〕』（2010年）
野川忍著『労働判例インデックス〔第2版〕』（2010年）
古賀政治編『民事執行・保全判例インデックス』（2009年）
塩月秀平編『特許・著作権判例インデックス』（2010年）
井田良＝城下裕二編『刑法総論判例インデックス』（2011年）
鈴木龍介編著『商業・法人登記先例インデックス』（2012年）

各法分野の重要裁判例100〜150件程度について，原則見開き2頁で，事実関係や法的争点など，判例のエッセンスを関係図とともにコンパクトに整理して紹介している。最近は，商業登記の「先例」についても取り上げられた。単独または少数の著者による記述であり，また情報の整理がきわめて行き届いていることから，統一感があり理解しやすい。判例集としては，有斐閣のいわゆる判例百選が著名であるが，それと並ぶ好著である。

(2)　企業法務全般

　①　滝川宣信『実践企業法務入門〔第5版〕』（民事法研究会，2011年）

4(1)②で紹介した『取引基本契約書の作成と審査の実務』の著者による企業法務全般の解説本である。契約業務から会社法業務，債権回収業務までビジネスに必要となる法務について論述されており，新人法務部員や法務部員以外の総務部員・営業マン等に役立つ内容となっている。

　②　畑中鐵丸『企業法務バイブル』（弘文堂，2011年）

企業法務の対象となる膨大な業務全般を網羅的に記述しており，法務

業務を行うに際して，対応策についてのヒントを見つけるのに役立つ。企業法務辞典といった用い方もできよう。

③　経営法友会大阪部会編『企業活動の法律知識〔新訂第7版〕』（経営法友会，2012年）

企業法務の担当者が複数で執筆した書籍で，経営法友会の会員企業向けに限定配付されている。取引，事業活動の規制などをコンパクトに解説しており，初めて企業法務に携わる者が法務業務のイメージを掴むのに役立つ。

④　いしかわまり子ほか『リーガル・リサーチ〔第4版〕』（日本評論社，2012年）

法科大学院の教科の一つの「リーガル・リサーチ」（「文献，資料の有無を調査し収集することをリサーチといい，法学分野でのリサーチを特に，リーガル・リサーチと呼」ぶ（同書第1版まえがき））のための基本書である。リーガル・リサーチは企業法務の実務においても必要なスキルであり，同書はリーガル・リサーチに関する唯一の書籍である。

※レクシスネクシス・ジャパンが発行する「Business Law Journal（ビジネスロー・ジャーナル）」では，毎月2月号において，「法務のためのブックガイド」という特集が掲載されており，こちらで紹介される書籍情報も役立つ。

(3) **法律辞典**

ふとした疑問を解消するときに意外と役立つのが法律辞典である。

①　竹内昭夫ほか編『新法律学辞典〔第3版〕』（有斐閣，1989年）。

当代一流の執筆者を揃え，記述の正確さと詳しさから，一番信頼のおける中辞典であるが，残念ながら1989年の3版発行から改訂されておらず，新刊での入手は不可能である。

② 金子宏＝新堂幸司＝平井宜雄編代『法律学小辞典〔第4版補訂版〕』（有斐閣，2008年）

市販されている法律学辞典の中では，最高の編集・執筆陣による信頼のおけるハンディな辞典である。

③ 法令用語研究会編『有斐閣法律用語辞典〔第4版〕』（有斐閣，2012年）

日常新聞・テレビ等でも使われている一般的な法律用語から，実務上必要となる専門的用語までが収録されている。②の辞典に登載されていない用語もあり，②と③を併用するのが望ましい。

(4) 税務・会計

税法・会計学の教科書も手元に置いて，つど参照したい。定評のある書籍を掲げるので，自分にあったものを選ぶとよい。

① 三木義一『よくわかる税法入門〔第6版〕』（有斐閣，2012年）

学生と税理士の対話形式をとり，税法をわかりやすく解説している。同著者による『よくわかる国際税務入門〔第3版〕』（有斐閣，2012年）と『よくわかる法人税法入門』（有斐閣，2011年）もある。

② 村田守弘＝加本亘『弁護士のための租税法〔第2版〕』（千倉書房，2010年）

「法人税の網羅的解説とビジネス法を中心に業務を営む弁護士が法人税以外で必要とする税目を取り上げて」（同書はじめに）おり，企業法務にとって役に立つ。

③ 金子宏ほか『税法入門〔第6版〕』（有斐閣，2007年）

租税法の大家による，定評のある入門書。

④ 金子宏『租税法〔第18版〕』（弘文堂，2013年）

いわずと知れた，租税法のすべてを詳説した，租税法の決定版。高度な内容であるので，辞書的な利用をした方がよいかもしれない。

⑤　伊藤邦雄『ゼミナール現代会計入門〔第9版〕』（日本経済新聞社，2012年）

制度や理論にとどまらず，企業の現実にも焦点を当てた現代会計のテキストである。

⑥　桜井久勝『財務会計講義〔第13版〕』（中央経済社，2012年）

⑦　広瀬義州『財務会計〔第11版〕』（中央経済社，2012年）

⑥，⑦とも財務会計について総合的・体系的に記述した標準的な定評あるテキスト。

(5)　交渉術等

①　D・カーネギー『人を動かす　新装版』（創元社，1999年）（本書116頁参照）

②　齋藤孝＝射手矢好雄『ふしぎとうまくいく交渉力のヒント』（講談社，2009年）（本書117頁参照）

③　大橋弘昌『負けない交渉術——アメリカで百戦錬磨の日本人弁護士が教える』（ダイヤモンド社，2007年）（本書117頁参照）

④　加藤新太郎編・羽田野宣彦＝伊藤博著『リーガル・コミュニケーション』（弘文堂，2002年）（本書116頁参照）

II 法律雑誌

Iで掲げた法律書以外に，次に掲げる法律雑誌も企業法務に有用である。

▶1 公益社団法人商事法務研究会，株式会社商事法務発行

① **NBL**

その名のとおり（New Business Law），企業法務全般のトピックス・最新の論点を知ることができる。

② **旬刊商事法務**

会社法・金融商品取引法に関して必須の法律雑誌であり，法務部門以外に経理・財務部門で購入されることも多い。基本的に上場会社の法務部門向けの誌面構成となっていると思われ，非上場会社の法務部門にとっては必須とまではいえない。

③ **資料版商事法務（月刊）**

上場会社の法務部門にとって必須の資料である。特に株主総会業務において，招集通知・議案の記載内容等，学ぶ点が多い。過去に，新設された法務部門（大手ゲームソフトウェア会社）の部長に本書を紹介して感謝されたことがある。豊富かつ最新の他社事例（参考書類）を参照することができる。

▶2　レクシスネクシス・ジャパン株式会社発行

Business Law Journal（月刊）

創刊が2008年と比較的新しい月刊誌だが，毎号特集を中心に構成されており，その特集も非常にタイムリーなものが多い。また読者参加型の雑誌作りのように思われ，思わぬ実用知識を得ることができる。スタンダードなNBLと併せて購入することをおすすめする。

▶3　株式会社中央経済社発行

ビジネス法務（月刊）

特集記事と連載記事がうまくバランスがとれている。Business Law Journalの特集と比べ，特集自体はタイムリーさを追求せず，スタンダードな論点（従来からあるという意味）中心か。

Ⅲ　データベース等

▶1　判例データベース等の利用

　年間のランニングコストは結構かかってしまうが，外部の判例データベースサービスを利用できれば有用である。法務業務を遂行する上で，類似の案件の判例検索の重要性は説明するまでもないだろう。

　判例データサービスの検索性や付加サービス（法令全文の検索サービスつきか，法律雑誌の閲覧が可能（PDFによる）か，新規法令に関するニュース等の有無等）は各社によって異なるが，いずれも無料利用期間を設けているので，実際に試しに利用した上で，自社にあったサービスを受ければよい。次に私が利用したことのある代表的な判例データベースを掲げておく（ここ数年は，「判例秘書」を利用している）。なお，前述『リーガル・リサーチ〔第4版〕』（195頁〜）に各データベースの特徴が記載されているので，サービスを選ぶ場合の参考となる。

　また，最高裁判所のホームページ（http://www.courts.go.jp/）で紹介されている「最近の裁判例」（最高裁判所判例集，下級裁判所判例集，知的財産判例集）も役に立つ。

①　**判例秘書INTERNET**
　　（http://www.hanreihisho.com/hhi/index.html）

　株式会社LICが提供する，判例・法律情報のデータベースサービスである。各種法律雑誌・文献の豊富なコンテンツが魅力。裁判所に採用されている。

② **D-1 Law.com**（http://www.d1-law.com）

　第一法規株式会社が提供する法情報総合データベースである。法律専門出版社のノウハウを活かし，法令，判例，文献情報を体系的に分類・整理している。

③ **TKCローライブラリー**（http://www.lawlibrary.jp/）

　株式会社TKCが提供する「判例」「法令」「判例解説」を中心とした総合法律情報データベース。

　「明治8年の大審院判例から今日までに公表された判例を収録した日本最大級のフルテキスト型（判例全文情報）データベース」である「LEX／DBインターネット」を基本として，法律出版社が提供する法律雑誌のバックナンバーをPDFで収録した法律雑誌データベース等からなる「オプションサービス」とで構成されている。法科大学院に多く採用されている。

④ **日本法総合オンラインサービス**

　　（http://www.westlawjapan.com/products/westlaw-japan/）

　West Law Japanが提供するデータベース。法令の改正動向をタイムリーに提供する「法令アラート」や法令改正の全体的な動向を確認できる「法令カレンダー」等，他社にない独自の機能を有する。他社と比べて迅速な法令情報の更新が売り。

⑤ **lexis.com（海外法・ビジネスデータベース）**

　　（http://www.lexisnexis.jp/ja-jp/Products/lexis-com.page）

　レクシスネクシス・ジャパン提供の法律・判例データベース。世界最大級の法律データベースであり，米国の他，英国，カナダ，オーストラリア，マレーシア，香港などコモンロー諸国を中心に，判例および法令を収録している。日本の判例には対応していない。

▶2 ブログ等

　身近で有益なツールとしては，弁護士や司法書士がアップしているブログや各出版社のホームページでの情報，またメール配信等も法務業務に役に立つ。筆者は次のブログ・メールマガジン（誰でも無料で利用できる）を利用している（これ以外に登録しているメールもあるが，有料または法律事務所のクライアント向けのものである）。

・**企業法務マンサバイバル**（http://blog.livedoor.jp/businesslaw/）
・**商事法務メールマガジン**（http://www.shojihomu.co.jp/mailmag.html）
・**西村あさひ法律事務所メールマガジン**（N&A Newsletter）
　（https://www.jurists.co.jp/ja/topics/newsletter.html）

Ⅳ　社内における各種法務情報データベースの構築

　判例・法律情報等の外部データベースを利用することに合わせて，各社の規模・実情に合わせて社内向けのデータベースを構築していくこととなる。

▶1　契約書・特許情報等データベース

　自社で過去に締結した契約書や，出願済特許情報等のデータベースは，業務の効率化に非常に役立つ。メーカーの場合，特許管理は重要な業務であるため，従来から多くの企業で特許情報データベースを保有していたが，最近では特許情報と併せて，関連する契約の管理システム（契約プロセスの履歴管理，契約期限の自動メール通知，ライセンス金額や特許との関連性の管理等）を導入する企業も増えている（近時は電機メーカーやその関連会社が各種の特許・契約管理システムを販売している）。

　しかしながら，そのような特許・契約管理システムを導入した企業でも，特許関連契約のみが契約管理の対象であることが多く，またその他の企業では，契約書全般についてデータベース化が未了であることが多いと思われる。個人的には，特許情報とは関係ない，契約全般のコンパクトな管理システムの開発・販売が待たれるところである。

▶2　法務情報の社内イントラネット

　① 契約書ひな形

　まずは，イントラネット等を活用して，自社のひな形を全社に提供す

ることが有用である。ひな形には，ともすれば実情に合わない契約書となってしまうおそれがある（ひな形の空欄部分を埋めればよしとすること）というデメリットもあるが，最低限，自社にとって不利益な条項がないことや，必要な条項が盛り込まれているといった大きなメリットがある。ひな形の種類をどのくらいにするかは，各社各様であり，多く用意すればよいといったものでもない。

② 法務情報・社内講習会

常に新たな法令情報等について，法務ニュースとして全社に向けて発信し，全社のリーガルマインドの向上に努めることも法務部門の大きな役割である。発信する情報は，トピックスとしてメールやイントラネットでの公表などの手段を用いることがあるが，同時に定期的に社内向けの法律講習会を催すことが望ましい。

また，ある企業では，過去に事業部門から法務部門に寄せられた法律相談事例を体系化してイントラネット上で公表し，全部門に共有化していると聞いた。たとえば独禁法に関する相談（どのような行為がカルテルにあたるか（価格や生産数量（生産計画），販売地域などの協定等）といった，よくある相談事例をまとめて全社員に共有化することは，非常に効率的であり，コンプライアンス上も望ましい。

③ e-learning

法務情報の発信や講習会と併せて，社員が自ら法律知識を身につけることができるよう，法律を学ぶためのeラーニングシステム（イントラネット）を社内に用意することも有用である。

あ と が き

　法務部門および企業法務について日頃筆者が感じていることを，つい長々と書いてしまった。はしがきで述べたとおり，筆者は大学法学部を卒業後，司法書士資格を取得した後に企業法務に入っただけであり，高邁な法律理論や高度な法律知識があるわけではなく，また20数年間の企業法務経験もさほど密度の濃いものではない（数年前から司法書士登録をしており，司法書士業務経験がある位である）。本書を書きながら，改めて自身の理解のなさ，知識・経験の少なさを実感してしまった。

　しかしながら20数年間を振り返ってみて，筆者から多少なりとも皆様にお伝えできることがあると思う。それは司法書士試験に合格して初めて企業法務として働き始めたときからこれまで，常に自己研鑽の気持ち（だけ）をもち続けてきたことである。企業法務の経験を積みながら，不動産についての知識を得るために不動産鑑定士の受験勉強をしたり，学生時代の目標であった司法試験に30代半ばから挑戦したりもした。また，これまで企業法務の転職を繰り返してきたが，転職に際しては，「自己の法務のキャリアを広げること」，つまり未経験の業界であることと，自己の能力が不足している分野を補う，すなわち経験の不足した（または未経験の）法務業務（私の場合は，知的財産権や英文契約等）を経験できる企業を選んできたつもりである。

　初めて企業法務に携わった頃にお会いした，某商社のH法務部長（当時。現在はロースクール教授）に憧れ，少しでも自分の企業法務の能力を高めていきたいと思ったことも大きかった。平成17年に司法書士登録をした後，司法書士ながら現役の企業法務担当であるという珍しさから（今ではそれも珍しくなくなりつつある），いくつかの法律雑誌に論文を掲載していただく機会が与えられ，さらにその結果の一部を1冊にまとめていただ

いたのが，前著『契約業務の実用知識』である。口幅ったいが，企業法務のプロを目指して経験を重ねてきた，ささやかな結果であると思う。

これまでに，日頃の業務を通じて他社の法務部員の方々や弁護士の先生方から教わったことは数多い。経営法友会の勉強会を通じて知り合った方や，日常の法務業務を通じて知己を得た方も多い。そのような方々とのつきあいの中で，常に自分に足りないものを再確認して，積極的に吸収してきたことも良かったと思う。

H部長には，「法務マンとしての姿勢」を早くから教わったし，S社で約2000億円の債権放棄業務を成功させることができたのも，講習会をきっかけとしておつきあいいただいていたM弁護士に，銀行との債権放棄交渉を気持ち良く引き受けていただけたことが最大の要因であった。現在私は，都内の私立大学法学部で非常勤講師を勤めているが，それもS社時代に勉強会で知り合った他社の法務部員の方（現在は弁護士になられている）のご紹介による。

ところで，近年の経済発展に伴い，中国では急速に法制度が整備されている。そして中国では，企業の法務部門の重要性を認識して，企業法務制度が急ピッチで整備されており，企業に勤める法務部員はすでに10万人を超えるという（経営法友会2012年9月月例会における上海交通大学凱原法学院・季衛東教授の談）。まさしく国家を挙げて企業法務部門の拡充が図られている。一方日本でも，各企業ともに法務部門の更なる拡充が重要な課題の一つである。企業法務として活躍されている後輩の方々には，「法務部門が日本企業の存続・成長を支える重要な部門である」自覚と責任を持ち，日々自己研鑽に励み実力を高めることにより，自分の所属する企業の競争力の向上に資し，もって日本経済の復活に寄与する位の気持ちで，頑張っていただきたい。

最後に，筆者の拙い経験談の域を超えない本書に最後までお付き合いいただき，心からお礼申し上げたい。

索引

あ行

amazon······195
安全配慮義務······80
アンダーソン・毛利・友常法律事務所
　······25
移転価格税制······26,128
NBL······216
大江橋法律事務所······25
OJT······162
オンデマンド······195

か行

会社更生······71
会社法務······6,46
会社法務部実態調査······9
瑕疵担保責任条項······55
貸倒れ······72,73
柏木昇······5
株式懇話会······111,188
韓国版RoHS······27
完全なる会社法規部······35
カントリーリスク······22
還付······64
企業内行政書士······148
企業内公認会計士······150
企業内士業······144
企業内司法書士······146,147
企業内社会保険労務士······149

企業内税理士······150
企業内弁護士（社内弁護士）
　······123,124,144
企業内弁護士······148
企業法務······5
議決権行使書······78
期限の利益喪失条項······52
危険負担条項······55
偽装請負······28
北川俊光······5
義務供託······65
キャッチオール規制······26
強制執行認諾文言付公正証書······61
行政書士試験······168
供託······63
供託所······63
クレーム処理······88
経営サポート法務······48
経営法務······48
経営法友会······7,188
形式上の貸倒れ······73
景品表示法······108
契約条件の変更······60
ケース貸し······67
KPMGグループ（KPMGジャパン）
　······24
権利供託······65
公益社団法人警視庁管内特殊暴力防止
　対策連合会（特防連）······111,189

恒久的施設・・・・・・・・・・・・・・・・・・・・・128
公正証書作成義務条項・・・・・・・・・・・・54
国際法務・・・・・・・・・・・・・・・・・・・・・・・・45
国内法務・・・・・・・・・・・・・・・・・・・・・・・・45
個人情報の管理・・・・・・・・・・・・・・・・・・27
混合供託・・・・・・・・・・・・・・・・・・・・・・・・66
コンプライアンス関連業務・・・・・96,101

さ 行

債権回収・・・・・・・・・・・・・・・・・・・・・60,100
債権管理・・・・・・・・・・・・・・・・・・・・・・・100
債権譲渡・・・・・・・・・・・・・・・・・・・・・・・・62
債権届出・・・・・・・・・・・・・・・・・・・・・・・・71
債務管理・・・・・・・・・・・・・・・・・・・・・63,71
事業家管財人・・・・・・・・・・・・・・・・・・・72
JETRO(日本貿易振興機構(ジェトロ))
　・・・・・・・・・・・・・・・・・・・・・・・・・・・・・24
事業結合の申請・・・・・・・・・・・・・・・・・85
事業者結合届出・・・・・・・・・・・・・・・・・85
士業の派遣・出向・・・・・・・・・・・・・・156
時効管理・・・・・・・・・・・・・・・・・・・・・・・・59
時効中断・・・・・・・・・・・・・・・・・・・・・・・・59
事実実験公正証書・・・・・・・・・・・・・・111
事実上の貸倒れ・・・・・・・・・・・・・・・・・73
執行供託・・・・・・・・・・・・・・・・・・・・・64,65
私的整理（任意整理）・・・・・・・・・・・・71
司法試験合格者優先枠・・・・・・・123,124
司法修習・・・・・・・・・・・・・・・・・・・・・・・122
司法書士試験・・・・・・・・・・・・・・・・・・168
司法制度改革・・・・・・・・・・・・・・・・・・122
社会人法科大学院・・・・・・・・・・・・・・168
社内リハーサル・・・・・・・・・・・・・・・・・75

旬刊商事法務・・・・・・・・・・・・・・・・・・216
消化仕入営業契約・・・・・・・・・・・・・・・67
商業登記・・・・・・・・・・・・・・・・・・・・・・・・81
譲渡禁止特約・・・・・・・・・・・・・・・・・・・62
消費者クレーム・・・・・・・・・・・・・・・・・31
商品の引揚げ・・・・・・・・・・・・・・・・・・・61
情報管理・・・・・・・・・・・・・・・・・・・・・・・・27
食品速報・・・・・・・・・・・・・・・・・・・・・・・186
所有権留保特約・・・・・・・・・・・・・・・・・52
資料版商事法務・・・・・・・・・・・・・・・・216
信用交換所グループ・・・・・・・・・・・・186
信用状況の判断・・・・・・・・・・・・・・・・・59
セクシャル・ハラスメント・・・・・・・27
セミナー・・・・・・・・・・・・・・・・・・・・・・・164
全国暴力追放運動推進センター
　（暴追センター）・・・・・・・・・・・・・189
戦略法務・・・・・・・・・・・・・・・・・・・・・・・・47
総会運営シナリオ・・・・・・・・・・・・・・・75
総会リハーサル・・・・・・・・・・・・・・・・111
相殺・・・・・・・・・・・・・・・・・・・・・・・・・・・・62
相殺条項・・・・・・・・・・・・・・・・・・・・・・・・53
想定問答・・・・・・・・・・・・・・・・・・・・75,111
組織内弁護士・・・・・・・・・・・・・・・・・・124
組織法務・・・・・・・・・・・・・・・・・・・・・・・・45
損害賠償の限度額・・・・・・・・・・・・・・・52

た 行

第三者委員会・・・・・・・・・・・・・・・・・・・34
代理人許可申請・・・・・・・・・・・・・・・・・79
宅地建物取引主任者試験・・・・・・・168
他部門との兼務・・・・・・・・・・・・・・・・138
ダブルチェック・・・・・・・・・・・・・・・・183

索引　227

（追加）担保提供条項・・・・・・・・・・・・・54
担保保証供託・・・・・・・・・・・・・・・・・・64
遅延損害金条項・・・・・・・・・・・・・・・・52
中国版RoHS・・・・・・・・・・・・・・・・・・27
中国リスク・・・・・・・・・・・・・・・・・・・・22
中止命令・・・・・・・・・・・・・・・・・・・・・・72
中途解約条項・・・・・・・・・・・・・・・・・・56
中途採用・・・・・・・・・・・・・・・・・・・・・135
中途採用の実態・・・・・・・・・・・・・・・135
中途社員の教育・・・・・・・・・・・・・・・137
強い法務・・・・・・・・・・・・・・・・・・・・・・34
定期便・・・・・・・・・・・・・・・・・・・・・・・174
TMI総合法律事務所・・・・・・・・・・・・25
帝国データバンク・・・・・・・・・・・・・185
TKCローライブラリー・・・・・・・・・219
D-1 Law.com・・・・・・・・・・・・・・・・219
データマックス・・・・・・・・・・・・・・・186
適格組織再編・・・・・・・・・・・・・・・・・128
東京経済・・・・・・・・・・・・・・・・・・・・・186
東京商工リサーチ・・・・・・・・・・・・・185
東京信用調査・・・・・・・・・・・・・・・・・186
独占禁止法・・・・・・・・・・・・・・・・・・・・84
特別清算・・・・・・・・・・・・・・・・・・・・・・71
特防連　→　公益社団法人警視庁管内
　　　　　特殊暴力防止対策連合会
特許権侵害・・・・・・・・・・・・・・・・・・・・21
特許保証・・・・・・・・・・・・・・・・・・・・・・18
取引法務・・・・・・・・・・・・・・・・・・・・・・45
取戻し・・・・・・・・・・・・・・・・・・・・・・・・64

な 行

長島・大野・常松法律事務所・・・・・・23

名ばかり法務・・・・・・・・・・・・・・・・・・13
西村あさひ法律事務所・・・・・・・・・・23
日本の古本屋・・・・・・・・・・・・・・・・・195
日本法総合オンラインサービス・・・・219
ネッティング・・・・・・・・・・・・・・・・・・62

は 行

買収監査・・・・・・・・・・・・・・・・・・・・・・34
破産・・・・・・・・・・・・・・・・・・・・・・・・・・71
払渡し・・・・・・・・・・・・・・・・・・・・・・・・64
パワー・ハラスメント・・・・・・・・・・27
反社会的勢力・・・・・・・・・・・・・・・29,95
判例秘書INTERNET・・・・・・・・・・・218
ビジネス実務法務検定試験・・・・・・168
ビジネス弁護士大全・・・・・・・・・・・179
ビジネス法務・・・・・・・・・・・・・・・・・217
Business Law Journal・・・・・・・213,217
一人法務・・・・・・・・・・・・・・・・・・・・・・13
不可抗力条項・・・・・・・・・・・・・・・・・・54
プレスリリース・・・・・・・・・・・・・・・・31
丙案・・・・・・・・・・・・・・・・・・・・・・・・・124
別除権・・・・・・・・・・・・・・・・・・・・・・・・72
ヘッドハンティング・・・・・・・・・・・143
弁済供託・・・・・・・・・・・・・・・・・・・・・・64
法学検定試験・・・・・・・・・・・・・・・・・167
法科大学院修了者・・・・・・・・・・・・・120
暴追センター　→　全国暴力追放運動
　　　　　　　　推進センター
法的整理・・・・・・・・・・・・・・・・・・・・・・71
法的リスク・・・・・・・・・・・・・・・・・・・・21
法務職の派遣社員・・・・・・・・・・・・・138
法務専門エージェント・・・・・・・・・136

法務担当者・・・・・・・・・・・・・・・・・・・・・7
法務部門・・・・・・・・・・・・・・・・・・・・・・・5
法務リスク・・・・・・・・・・・・・・・・・・・・・21
法律家管財人・・・・・・・・・・・・・・・・・・・72
法律上の貸倒れ・・・・・・・・・・・・・・・・・73
暴力団排除条項・・・・・・・・・・・・・・・・・28
保管供託・・・・・・・・・・・・・・・・・・・・・・64
没収供託・・・・・・・・・・・・・・・・・・・・・・64

レンゴー調査・・・・・・・・・・・・・・・・・・・186
労働基準監督署・・・・・・・・・・・・・・・・・67
RoHS指令・・・・・・・・・・・・・・・・・・・・26
ローテーション・・・・・・・・・・・・・・・・・・133
Lawyer's MAGAZINE・・・・・・・・・・180

ま行

民事再生・・・・・・・・・・・・・・・・・・・・・・71
無催告解除条項・・・・・・・・・・・・・・・・・55
森・濱田松本法律事務所・・・・・・・・・・23
モンスタークレーマー・・・・・・・・・・・・・88

や行

与信業務・・・・・・・・・・・・・・・・・・・・・・59
予防法務・・・・・・・・・・・・・・・・・・・・・・47
四大法律事務所・・・・・・・・・・・23,25,121

ら行

リーガル・リサーチ・・・・・・・・・・・・・・・213
リーガルキャラバン・・・・・・・・・163,175
リーガルリスク・・・・・・・・・・・・・・・・・・21
リーガルリスク・マネジメント・・・・・19
リーガルリスク対応
　（リーガルリスクコントロール）・・・34
リスクモンスター・・・・・・・・・・・・・・・185
リスト規制・・・・・・・・・・・・・・・・・・・・26
臨床法務・・・・・・・・・・・・・・・・・・・・・47
lexis.com・・・・・・・・・・・・・・・・・・・219
レピュテーションリスク・・・・・・・・・・・25

●執筆者紹介●

堀江泰夫（ほりえ・やすお）

〔経歴〕
1960年生
1983年　早稲田大学法学部卒業
1983年～1987年　リクルートコンピュータプリント勤務
1989年　司法書士試験合格
1990年～2000年　大手流通Ｓ社勤務（法務）
2000年～2001年　㈱ベルシステム24勤務（法務）
2001年～2002年　㈱ドコモAOL勤務（法務）
2002年～2005年　大手調剤薬局勤務（法務）
2005年　司法書士登録（東京司法書士会）
2005年～　新日鉄住金化学㈱　法務マネジャー
現　在　日本大学法学部非常勤講師（2010年～）

〔著作〕
『契約業務の実用知識』（2010年4月。㈱商事法務），『農業株式会社と改正農地法』（2011年1月（共著）。三協法規出版㈱），『改訂版下請の法律実務』（2012年11月（共著）。同上］，『契約書作成の基礎と実践～紛争予防のために』（2012年10月（共著）。㈱青林書院），「いわゆる存続条項の問題点」（NBL959号（2011年8月15日号）。㈱商事法務），「台湾における動産抵当制度の概要」（月刊登記情報602号（2012年1月号）。㈳金融財政事情研究会）等。

法務部門の実用知識

2013年5月6日　初版第1刷発行

著　者　堀　江　泰　夫
発行者　藤　本　眞　三
発行所　㈱商事法務
　　　　〒103-0025　東京都中央区日本橋茅場町3-9-10
　　　　TEL 03-5614-5643・FAX 03-3664-8844〔営業部〕
　　　　TEL 03-5614-5649〔書籍出版部〕
　　　　http://www.shojihomu.co.jp/

落丁・乱丁本はお取り替えいたします。　印刷／そうめいコミュニケーションプリンティング
©2013 Yasuo Horie　　　　　　　　　　　　　　　　　　　　Printed in Japan
Shojihomu Co., Ltd.
ISBN978-4-7857-2083-4
＊定価はカバーに表示してあります。